Joseph von Eichendorff

Es war, als hätt' der Himmel
die Erde still geküsst

W0088536

Joseph von Eichendorff

Es war, als hätt' der Himmel die Erde still geküsst

Gedichte

Herausgegeben von Miriam Kronstädter
und Hans-Joachim Simm

marixverlag

Bibliografische Information der Deutschen Nationalbibliothek
Die Deutsche Nationalbibliothek verzeichnet diese Publikation in der Deutschen
Nationalbibliografie; detaillierte bibliografische Daten sind im Internet über
http://dnb.d-nb.de abrufbar.

Es ist nicht gestattet, Texte dieses Buches zu scannen, in PCs oder auf CDs zu
speichern oder mit Computern zu verändern oder einzeln oder zusammen mit
anderen Bildvorlagen zu manipulieren, es sei denn mit schriftlicher Genehmigung
des Verlages.

Alle Rechte vorbehalten

© by marixverlag in der Verlagshaus Römerweg GmbH, Wiesbaden 2014
Covergestaltung: Groothuis. Gesellschaft der Ideen und Passionen mbH
Hamburg Berlin
Bildnachweis: „Lake on sunset", Boyan Dimitrov, fotolia
Satz und Bearbeitung: SATZstudio Josef Pieper, Bedburg-Hau
Der Titel wurde in der Adobe Garamond Pro gesetzt.
Gesamtherstellung: CPI books GmbH, Ulm
Printed in Germany

ISBN: 978-3-86539-370-8

www.marixverlag.de

Inhalt

In wildem Wechsel treibt das flüchtge Leben.
Bang schwebt der Schiffer auf den fliehenden Wogen,
Vorüber Land und Menschen fortgezogen,
Es muß wohin die vollen Segel streben.
In Dämmrung sieht er noch die Heimat ragen,
Cypressen aus vergeßnen Blumenwogen;
Herüber schimmert's hold wie Regenbogen,
Er steht allein – und kann nur sehnend klagen;
Nichts weilt, doch aus der Erinnrung süßen Schmerzen,
Da blühen wieder die verklungnen Zeiten;
Ob auch die lieben Stunden längst vergangen,
Ruht doch ihr stilles Bild in träum'nden Herzen
Frühlingen gleich von Zauberschein umfangen,
Freundlich durchs ganze Leben zu geleiten.

Es geht wohl anders, als du meinst

Gedankensplitter

WÜNSCHELRUTE

Schläft ein Lied in allen Dingen,
Die da träumen fort und fort,
Und die Welt hebt an zu singen,
Triffst du nur das Zauberwort.

Der Liebende steht träge auf

Der Liebende steht träge auf,
Zieht ein Herrjemine-Gesicht
Und wünscht, er wäre tot.
Der Morgen tut sich prächtig auf,

So silbern geht der Ströme Lauf,
Die Vöglein schwingen hell sich auf:
„Bad, Menschlein, dich im Morgenrot,
Dein Sorgen ist ein Wicht!"

AN ...

Wie nach festen Felsenwänden
Muß ich in der Einsamkeit
Stets auf dich die Blicke wenden.
Alle, die in guter Zeit
Bei mir waren, sah ich scheiden
Mit des falschen Glückes Schaum,
Du bliebst schweigend mir im Leiden,
Wie ein treuer Tannenbaum,
Ob die Felder lustig blüh'n,
Ob der Winter zieht heran,
Immer finster, immer grün –
Reich' die Hand mir, wackrer Mann.

SYMMETRIE

1810

O Gegenwart, wie bist du schnelle,
Zukunft, wie bist du morgenhelle,
Vergangenheit so abendrot!

Das Abendrot soll ewig stehen,
Die Morgenhelle frisch drein wehen,
So ist die Gegenwart nicht tot.

Der Tor

Der Tor, der lahmt auf einem Bein,
Das ist gar nicht zu leiden,
Schlagt ihm das andre Bein entzwei,
So hinkt er doch auf beiden!

LEBEN UND SINGEN

Wohl vor lauter Sinnen, Singen
Kommen wir nicht recht zum Leben;
Wieder ohne rechtes Leben
Muß zu Ende geh'n das Singen;
Ging zu Ende dann das Singen:
Mögen wir auch nicht länger leben.

INTERMEZZO

Wie so leichte läßt sich's leben!
Blond und rot und etwas feist,
Tue wie die andern eben,
Daß Dich jeder Bruder heißt,
Speise, was die Zeiten geben,
Bis die Zeit auch Dich verspeist!

Im beschränkten Kreis

Im beschränkten Kreis der Hügel,
Auf des stillen Weihers Spiegel
Scheue, fromme Silberschwäne –
Fassend in des Rosses Mähne
Mit dem Liebsten kühn im Bügel –
Blöde Bande – mut'ge Flügel
Sind getrennter Lieb' Gedanken!

Hinaus, o Mensch

„Hinaus, o Mensch, weit in die Welt,
Bangt dir das Herz in krankem Mut!
Nichts ist so trüb in Nacht gestellt,
Der Morgen leicht macht's wieder gut."

DIE SCHÄRPE

Mein Schatz, das ist ein kluges Kind,
Die spricht: „Willst du nicht fechten:
Wir zwei geschiedne Leute sind;
Erschlagen dich die Schlechten,
Auch keins von beiden dran gewinnt."
Mein Schatz, das ist ein kluges Kind,
Für die will ich *leben* und fechten!

ZEICHEN

So Wunderbares hat sich zugetragen:
Was aus uralten Sagen
Mit tief verworrener Gewalt oft sang
Von Liebe, Freiheit, was das Herz erlabe,
Mit heller Waffen Klang

Es richtet sich geharnischt auf vom Grabe,
Und an den alten Heerschild hat's geschlagen,
Daß Schauer jede Brust durchdrang.

Jeder nennet froh

Jeder nennet froh die Seine,
Ich nur stehe hier alleine,
Denn was früge wohl die Eine:
Wen der Fremdling eben meine?
Und so muß ich, wie im Strome dort die Welle,
Ungehört verrauschen an des Frühlings Schwelle.

Hier bin ich, Herr!

Hier bin ich, Herr! Gegrüßt das Licht,
Das durch die stille Schwüle
Der müden Brust gewaltig bricht,
Mit seiner strengen Kühle.
Nun bin ich frei! ich taum'le noch
Und kann mich noch nicht fassen –
O Vater, du erkennst mich doch,
Und wirst nicht von mir lassen!

AN —

Eitelkeiten in dem sünd'gen Busen,
Nahest du der heil'gen Kunst,
Und geschminket betteln deine Musen
Um des Erdengeistes Gunst.
Falsche Metze und kein Mann!
Spitz' und kitzle nur den Witz,
Aus dem Himmel fällt der Blitz,
Der zerschmettern dich und zünden kann!

ANDEUTUNGEN

(Ahnung und Gegenwart)

1. Freiheit

Frei, ihr Kanaillen, sag' ich, sollt ihr sein,
Doch nicht, wie *ihr* es wollt, ihr Dumme, Blinde,
Versunken in des Aberglaubens Schein,
Nein, so wie *ich's* heut' eben dienlich finde.

2. Gleichheit

Wie? Niedrig wir, ihr hoch; wir arm, ihr reich?
Planierend schwirrt die Schere dieser Zeit;
Seid niedrig, arm, wie wir, so sind wir gleich
Und die Misere wird doch etwas breit.

3. Weltgeschichte

Inmitten steht die Sonn' und wandelt nicht,
Ringsum sehnsüchtig kreisen die Planeten,
Die deckt heut Nacht, *die* will der Morgen röten,
Doch ewig heiter strahlt das ew'ge Licht.

4. Tagesgeschichte

Es rast der Sturm in der Historie Blättern,
Und jeder schnappt sich schnell draus sein Fragment.
Doch deutle nur! Der Herr in Zorneswettern
Geht über dich hinweg und führt's zu End.

5. Wunder über Wunder

Du wunderst wunderlich dich über Wunder,
Verschwendest Witzespfeile, blank geschliffen.
Was du begreifst, mein Freund, ist doch nur Plunder,
Und in Begriffen nicht mit einbegriffen
Ist noch ein unermeßliches Revier,
Du selber drin das größte Wundertier.

SÄNGERGLÜCK

Herbstlich alle Fluren rings verwildern,
Und unkenntlich wird die Welt.
Dieses Scheidens Schmerzen sich zu mildern,
Wenn die Zauberei zerfällt,
Sinnt der Dichter, treulich abzuschildern
Den versunknen Glanz der Welt.
Selig Herze, das in kühnen Bildern
Ewig sich die Schönheit hält!

Dein Wille, Herr

Dein Wille, Herr, geschehe!
Verdunkelt schweigt das Land,
Im Zug der Wetter sehe
Ich schauernd Deine Hand.
O mit uns Sündern gehe
Erbarmend in's Gericht!
Ich beug' im tiefsten Wehe
Zum Staub mein Angesicht,
Dein Wille, Herr, geschehe!

ABEND

Schweigt der Menschen laute Lust:
Rauscht die Erde wie in Träumen
Wunderbar mit allen Bäumen,
Was dem Herzen kaum bewußt,
Alte Zeiten, linde Trauer,
Und es schweifen leise Schauer
Wetterleuchtend durch die Brust.

Es schauert der Wald vor Lust

Es schauert der Wald vor Lust,
Die Sterne nun versanken,
Und wandeln durch die Brust
Als himmlische Gedanken.

Gewalt'ges Morgenrot

Gewalt'ges Morgenrot,
Weit, unermeßlich – du verzehrst die Erde!
Und in dem Schweigen nur der Flug der Seelen,
Die säuselnd heimzieh'n durch die stille Luft. –

TOAST

Auf das Wohlsein der Poeten,
Die nicht schillern und nicht goethen,
Durch die Welt in Lust und Nöten
Segelnd frisch auf eig'nen Böten.

Es geht wohl anders

Es geht wohl anders, als du meinst,
Derweil du rot und fröhlich scheinst
Ist Lenz und Sonnenschein verflogen,
Die liebe Gegend schwarz umzogen;
Und kaum hast du dich ausgeweint,
Lacht Alles wieder, die Sonne scheint –
Es geht wohl anders als man meint.

AM ABEND

Was ist mir denn so wehe?
Es liegt ja wie im Traum
Der Grund schon wo ich stehe,
Die Wälder säuseln kaum
Noch von der dunklen Höhe.
Es komme wie es will,
Was ist mir denn so wehe –
Wie bald wird alles still.

Die fernen Heimathöhen

Die fernen Heimathöhen,
Das stille hohe Haus,
Der Berg, von dem ich gesehen
Jeden Frühling in's Land hinaus,
Mutter, Freunde und Brüder,
An die ich so oft gedacht,
Es grüßt mich alles wieder,
In stiller Mondesnacht.

Waldeinsamkeit

Waldeinsamkeit!
Du grünes Revier,
Wie liegt so weit
Die Welt von hier!
Schlaf' nur, wie bald
Kommt der Abend schön,
Durch den stillen Wald
Die Quellen gehn,
Die Mutter Gottes wacht,
Mit ihrem Sternen-Kleid
Bedeckt sie Dich sacht
In der Waldeinsamkeit,
Gute Nacht, gute Nacht! –

SPRUCH

Drüben von dem sel'gen Lande
Kommt ein seltsam Grüßen her,
Warum zagst du noch am Strande?
Graut dir, weil im falschen Meer
Draußen auf verlornem Schiffe
Mancher frische Segler sinkt?
Und von halbversunknem Riffe
Meerfei nachts verwirrend singt?
Wagst du's nicht draufhin zu stranden,
Wirst du nimmer drüben landen!

Hast du doch Flügel

Hast du doch Flügel eben
Und das gewalt'ge Wort;
Halt' hoch dich über dem Leben,
Sonst geht's über dich fort.

Gleichwie auf dunklem Grunde

Gleichwie auf dunklem Grunde
Der Friedensbogen blüht,
So durch die böse Stunde
Versöhnend geht das Lied.

Laß nur die Wetter

Laß nur die Wetter wogen!
Wohl übers dunkle Land
Zieht einen Regenbogen
Barmherzig Gottes Hand.

Auf dieser schönen Brücke,
Wenn alles wüst und bleich,
Gehn über Not und Glücke
Wir in das Himmelreich.

Trennung ist wohl Tod

Trennung ist wohl Tod zu nennen,
Denn wer weiß, wohin wir gehn,
Tod ist nur ein kurzes Trennen
Auf ein baldig Wiedersehn.

Von allen guten Schwingen

Von allen guten Schwingen
Zu brechen durch die Zeit,
Die mächtigste im Ringen,
Das ist ein rechtes *Leid*.

ÜBERMUT

Ein' Gems auf dem Stein,
Ein Vogel im Flug,
Ein Mädel, das klug,
Kein Bursch holt die ein.

Viele Boten geh'n

Viele Boten geh'n und gingen
Zwischen Erd' und Himmelslust,
Solchen Gruß kann keiner bringen,
Als ein Lied aus frischer Brust.

DICHTERLOS

Für Alle muß vor Freuden
Mein treues Herze glüh'n,
Für Alle muß ich leiden,
Für Alle muß ich blüh'n,
Und wenn die Blüten Früchte haben,
Da haben sie mich längst begraben.

SPRUCH

Bau nur auf Weltgunst recht
Und paß' auf jeden Wink und Gruß,
Wirst dabei nimmer fröhlich werden!
Es hat's kein Hund so schlecht,
Der hinter seinem Herren muß,
Nicht frei spazieren kann auf Erden.

Wo ruhig sich

Wo ruhig sich und wilder
Unstete Wellen teilen,
Des Lebens schöne Bilder
Und Kläng' verworren eilen,
Wo ist der sichre Halt? –
So ferne, was wir sollen,
So dunkel, was wir wollen,
Faßt alle die Gewalt.

TUSCH

Fängt die Sonne an zu stechen,
Tapfer schießen Gras und Kräuter
Und die Bäume schlagen aus:
Muß des Feinds Gewalt zerbrechen,

Nimmt der Winter schnell Reißaus,
Erd' und Himmel glänzen heiter;
Und wir Musikanten fahren,
Lustig auf dem Fluß hinunter,
Trommeln, pfeifen, blasen, geigen
Und die Hörner klingen munter.

AUSSICHT

Komm zum Garten denn, Du Holde!
In den warmen, schönen Tagen
Sollst Du Blumenkränze tragen,
Und vom kühl krystall'nen Golde
Mit den frischen, roten Lippen,
Eh' ich trinke, lächelnd nippen.
Ohne Maß dann, ohne Richter,
Küssend, trinkend singt der Dichter
Lieder, die von selbst entschweben:
Wunderschön ist doch das Leben!

Brech der lustige Sonnenschein

Brech der lustige Sonnenschein
Mit der Tür Euch in's Haus hinein,
Daß alle Stuben so frühlingshelle!
Ein Engel auf des Hauses Schwelle
Mit seinem Glanze säume
Hof, Garten, Feld und Bäume,
Und geht die Sonne Abends aus,
Führ' er die Müden mild nach Haus.

Andre haben andre Schwingen

Andre haben andre Schwingen,
Aber wir, mein fröhlich Herz,
Wollen grad' hinauf uns singen,
Aus dem Frühling himmelwärts!

WERKTAG

Wir wandern nun schon viel hundert Jahr,
Und kommen doch nicht zur Stelle –
Der Strom wohl rauscht an die tausend gar,
Und kommt doch nicht zur Quelle.

SONNTAG

Weit in das Land die Ström' ihr Silber führen,
Fern blau Gebirge duftig hingezogen,
Die Sonne scheint, die Bäume sanft sich rühren,
Und Glockenklang kommt auf den linden Wogen:
Hoch in den Lüften Lerchen jubilieren,
Und, so weit klar sich wölbt des Himmels Bogen,
Von Arbeit ruht der Mensch rings in die Runde,
Atmet zum Herren auf aus Herzensgrunde.

Was ich wollte

Was ich wollte, liegt zerschlagen,
Herr, ich lasse ja das Klagen,
Und das Herz ist still.
Nun aber gib auch Kraft, zu tragen,
Was ich *nicht* will!

20

DURCH!

Ein Adler saß am Felsenbogen,
Den lockt' der Sturm weit über's Meer,
Da hatt' er droben sich verflogen,
Er fand sein Felsennest nicht mehr,
Tief unten sah er kaum noch liegen
Verdämmernd Wald und Land und Meer,
Mußt' höher, immer höher fliegen,
Ob nicht der Himmel offen wär'.

WANN DER HAHN KRÄHT

Wann der Hahn kräht auf dem Dache,
Putzt der Mond die Lampe aus,
Und die Stern' ziehn von der Wache,
Gott behüte Land und Haus!

VORWÄRTS!

Wie der Strom sich schwingt
Aus den Wolken, die ihn tränken,
Alle Bäche verschlingt,
Sie in's Meer zu lenken –
Drein möcht' ich versenken
Was in mir ringt!

Tritt nur mit in mein Schiff!
Wo wir landen oder stranden,
Erklinget das Riff,
Bricht der Lenz aus dem Sande,
Hinter uns dann in's Branden
Versenk' ich das Schiff!

GLEICHHEIT

Es ist kein Blümlein nicht so klein,
Die Sonne wird's erwärmen,
Scheint in das Fenster mild herein,
Dem König wie dem Armen,
Hüllt Alles ein in Sonnenschein
Mit göttlichem Erbarmen.

DANK

Mein Gott, dir sag' ich Dank,
Daß du die Jugend mir bis über alle Wipfel
In Morgenrot getaucht und Klang,
Und auf des Lebens Gipfel,
Bevor der Tag geendet,
Vom Herzen unbewacht
Den falschen Glanz gewendet,
Daß ich nicht taumle ruhmgeblendet,
Da nun herein die Nacht
Dunkelt in ernster Pracht.

TROST

Der jagt dahin, daß die Rosse schnaufen,
Der muß im Staub daneben laufen;
Aber die Nacht holt beide ein,
Setzt Jenen im Traume neben die Rosse
Und den Andern in seine Karosse –
Wer fährt nun fröhlicher? der da wacht,
Oder der blinde Passagier bei Nacht?

SCHIFFERSPRUCH

Wenn die Wogen unten toben,
Menschenwitz zu Schanden wird,
Weist mit feur'gen Zügen droben
Heimwärts dich der Wogen Hirt.
Sollst nach keinem Andern fragen,
Nicht zurückschaun nach dem Land,
Faß das Steuer, laß das Zagen!
Aufgerollt hat Gottes Hand
Diese Wogen zum Befahren
Und die Sterne, dich zu wahren.

SO ODER SO

Die handeln und die dichten,
Das ist der Lebenslauf,
Der Eine macht Geschichten,
Der Andre schreibt sie auf,
Und der will beide richten;
So schreibt und treibt sich's fort,
Der Herr wird Alles schlichten,
Verloren ist kein Wort.

Wie wird nun Alles

Wie wird nun Alles so stille wieder!
So war mir's oft in der Kinderzeit,
Die Bäche gehen rauschend nieder
Durch die dämmernde Einsamkeit,
Kaum noch hört man einen Hirten singen,
Aus allen Dörfern, Schluchten, weit
Die Abendglocken herüberklingen,
Versunken nun mit Lust und Leid
Die Täler, die noch einmal blitzen,
Nur hinter dem stillen Walde weit
Noch Abendröte an den Bergesspitzen,
Wie Morgenrot der Ewigkeit.

MEMENTO MORI

Schnapp' Austern, Dukaten,
Mußt dennoch sterben!
Dann tafeln die Maden
Und lachen die Erben.

SINNGEDICHTE

Wie schön und wunderbar,
Da kaum noch der Tag brach an!
Seit nun alles so nüchtern und klar,
Hab ich keine Freude mehr dran.

DIE SPERLINGE

Altes Haus mit deinen Löchern,
Geiz'ger Bauer, nun Ade!
Sonne scheint, von allen Dächern
Tröpfelt lustig schon der Schnee,
Draußen auf dem Zaune munter
Wetzen unsre Schnäbel wir,
Durch die Hecken 'rauf und 'runter,
In dem Baume vor der Tür
Tummeln wir in hellen Haufen
Uns mit großem Kriegsgeschrei,
Um die Liebste uns zu raufen,
Denn der Winter ist vorbei!

Es träumt ein jedes Herz

Es träumt ein jedes Herz
Vom fernen Land des Schönen.
Dorthin durch Lust und Schmerz
Schwingt wunderbar aus Tönen
Manch' Brücke eine Fei, –
O! holde Zauberei!

Scherz im Ernst

Scherz im Ernst und Ernst im Scherz,
Also hält'st du's mit den Dingen,
Daß des Lebens Kampf und Schmerz
Selber heiter muß erklingen.
Alter Dichter, junges Herz,
Sollst noch lang auf Erden singen
Und dereinst dich himmelwärts
Jubelnd, wie die Lerche, schwingen.

DER WELSCHE HAHN

Es rief der welsche Hahn
Und schlug mit seinen Flügeln,
Da hebt's zu krähen an
Auf allen deutschen Hügeln.
Den neuen Tag bricht an
Der Herr auf allen Höhen;
Da will der Hahn sich blähen
Und meint, *er* hätt's getan
Mit seinem heisern Krähen.

SPRUCH

Magst du zu dem Alten halten
Oder Altes neu gestalten,
Mein's nur *treu* und laß Gott walten!

MEMENTO

So lange Recht regiert und schöne Sitte,
Du schlicht und gläubig gehst in sich'rer Mitte,
Da trittst du siegreich zwischen Molch und Drachen,
Und wo du ruhst, da wird ein Engel wachen.
Doch wenn die Kräft', die wir „Uns selber" nennen,
Die wir mit Schaudern raten und nicht kennen,
Gebundne Bestien, wie geklemmt in Mauern,
Die nach der alten Freiheit dunkel lauern –
Wenn die rebellisch sich von dir lossagen,
Gewohnheit, Glauben, Sitt' und Recht zerschlagen,
Und stürmend sich zum Elemente wenden:
Mußt Gott du werden oder teuflisch enden.

DER ERLÖSER

Wie Du auch die Kraft magst wenden;
Was die tiefste Seele will,
Niemals wirst Du's hier vollenden
Und die Sehnsucht wird nicht still.

Ewig's Träumen von den Fernen

Gedichte 1807–1810

VARIAZION

Ewig's Träumen von den Fernen!
Endlich ist das Herz erwacht
Unter Blumen, Klang und Sternen
In der dunkelgrünen Nacht.

Schlummernd unter blauen Wellen
Ruht der Knabe unbewußt,
Engel ziehen durch die Brust,
Oben hört er in den Wellen
Ein unendlich Wort zerrinnen,
Und das Herze weint und lacht,
Doch er kann sich nicht besinnen
In der dunkelgrünen Nacht.

Und der Frühling will sich bläuen,
Aus der Grüne, aus dem Schein
Ruft es lockend: Ewig Dein! –
Aus der Minne Zaubereien
Muß er sehnen sich nach Fernen,
Denkend der alten Wunderpracht
Unter Blumen, Klang und Sternen
In der dunkelgrünen Nacht.

Heil'ger Kampf nach langem Säumen,
Wenn süßschaudernd an das Licht,
Lieb' in dunkle Klagen bricht!
Aus der Schmerzen Sturz und Schäumen
Steigt Geliebte, Himmel, Fernen,
Endlich ist das Herz erwacht
Unter Blumen, Klang und Sternen
In der dunkelgrünen Nacht.

Und der Streit muß sich versöhnen,
Und die Wonne und den Schmerz
Muß er ewig himmelwärts
Schlagen nun in vollen Tönen:
Ewig's Träumen von den Fernen!
Endlich ist das Herz erwacht
Unter Blumen, Klang und Sternen
In der dunkelgrünen Nacht.

DER FROMME

Es saß ein Kind gebunden und gefangen,
Wo vor der Menschen eitlem Tun und Schallen
Der Vorzeit Wunderlaute trüb verhallen;
Der alten Heimat dacht' es voll Verlangen.

Da sieht sie draußen Ströme, hell ergangen,
Durch zaub'risch Land viel Pilger, Sänger wallen,
Kühl rauscht der Wald, die lust'gen Hörner schallen,
Aurora scheint, so weit die Blicke langen. –

O laß die Sehnsucht ganz Dein Herz durchdringen!
So legt sich blühend um die Welt Dein Trauern
Und himmlisch wird Dein Schmerz und Deine Sorgen.

Ein frisch Gemüt mag wohl die Welt bezwingen,
Ein recht Gebet bricht Banden bald und Mauern:
Und frei springst du hinunter in den Morgen.

GEBET

Wie in einer Blume himmelblauen
Grund, wo schlummernd träumen stille Regenbogen,
Ist mein Leben ein unendlich Schauen,
Klar durch's ganze Herz ein süßes Bild gezogen.

Stille saß ich, sah die Jahre fliegen,
Bin im Innersten dein treues Kind geblieben;
Aus dem duft'gen Kelche aufgestiegen
Ach! wenn lohnst Du endlich auch mein treues Lieben?

Morgenrot im Herzen aufgegangen
In den Morgen goldner Quellen strahlend Springen,
Zwischendrein das alte Zagen, Bangen –
O! so löse löse doch die Schwingen! –

FRÜHLING

Über blaue Berge fröhlich
Kam der bunte Schein geflossen,
In den Schimmer rief ich selig:
„Freu dich nur, jetzt wirds vollendet!"
Doch der Frühling ist vergangen,
Was ich innigst hofft' und strebte
Blieb ein unbestimmt Verlangen.

Und nach langem trüben Schweigen
Kamen goldne Tage wieder.
Blaue Berge, alte Zeiten,
Blumen, Sterne, Ström' und Lieder
Woben wunderbar ein Netze,
Und das schlang sich um die Glieder,
Zog so innig fest und fester
Mich ans Herz der Erde nieder,
Und so schlummert' ich und träumte
Von der allerschönsten Braut. –

DIE LIEDER

So viele Quellen von den Bergen rauschen,
Die brechen zornig aus der Felsenhalle,
Die andern plaudern in melod'schem Falle
Mit Nymphen, die im Grün vertraulich lauschen.

Doch wie sie irrend auch die Bahn vertauschen,
Sie treffen endlich doch zusammen alle,
Ein Strom, mit brüderlicher Wogen Schwalle
Erfrischend durch das schöne Land zu rauschen.

An Burgen, die vom Felsen einsam grollen,
Aus Waldesdunkel zwischen Rebenhügeln
Vorübergleitend in die duft'ge Ferne,

Entwandelt er zum Meer, dem wundervollen,
Wo träumend sich die sel'gen Inseln spiegeln
Und auf den Fluten ruhn die ew'gen Sterne.

Nicht Träume sind's

Nicht Träume sind's und leere Wahn-Gesichte,
Was von dem Volk' den Dichter unterscheidet.
Was er inbrünstig bildet, liebt und leidet,
Es ist des Lebens wahrhafte Geschichte.

Er fragt nicht viel, wie ihn die Menge richte,
Der eignen Ehr' nur in der Brust vereidet;
Denn wo begeistert er die Blicke weidet,
Grüßt ihn der Weltkreis mit verwandtem Lichte.

Die schöne Mutter, die ihn hat geboren,
Den Himmel liebt er, der ihn auserkoren,
Läßt beide Haupt und Brust sich heiter schmücken.

Die Menge selbst, die herbraust, ihn zu fragen
Nach seinem Recht, muß den Beglückten tragen,
Als Element ihm bietend ihren Rücken.

WALDLUST

Ach! wie ist es doch gekommen,
Daß die grüne Waldespracht
So mein ganzes Herz genommen,
Mich um alle Ruh' gebracht!

Wenn von drüben Lieder wehen,
Waldhorn gar nicht enden will,
Weiß ich nicht, wie mir geschehen,
Und im Herzen bet' ich still.

Könnt' ich zu den Wäldern flüchten,
Mit dem Grün in frischer Lust
Mich zum Himmelsglanz aufrichten –
Stark und frei wär' da die Brust!

Hörnerklang und Lieder kämen
Nicht so schmerzlich an mein Herz,
Fröhlich wollt' ich Abschied nehmen,
Zög' auf ewig wälderwärts.

Waldhornklänge, funkelnd Bläue
Alte Wunder, schaurig Grün!
Breitet um mein Leben treue
Ewig euer Baldachin!

KLAGE

Blaue Augen, blaue Augen!
Ach, wie gebt ihr süße Peine!
Aus dem schönen Wald unzählig
Stimmen zielen, grüne Scheine,
Und ich lass' mich gern verführen,
Locken Schmerzen so von weiten.
Draußen auf der Waldeswiese
Lass' ich wohl mein Rößlein weiden,
Sinnend steh' ich lang' daneben,
Grüßt mich wie aus fremden Zeiten
Waldesrauschen, Lied der Bronnen,
Ewigblühend grünes Schweigen,
Aus der tiefsten Brust Erinnern
Lang vergeßner goldner Träume –
Und ich muß dann fragen immer,
Ewig fragen: wo Sie weile?
Und das Waldhorn will mir's sagen,
Und das Herz will ewig weinen:
Süße Peine, blaue Augen!
Ewig stehst du in der Weite,
Blühend in den blauen Tagen.
Wolken durch den Himmel eilen,
Liebesblick kommt oft geschossen,
Und es glänzen Feld und Haine,
Und die Klarheit schließt sich wieder,
Und ich stehe so alleine;
Und ich kann mich gar nicht retten
Von den Freuden, von den Leiden,
Und ich knie und ich bete:
Schöne Fraue, liebe, reine!
Blaue Augen, blaue Augen,
Ach! wie gebt ihr süße Peine!

AUSSICHTEN

Es will der Morgen sich von weitem zeigen,
Das dunkle Meer im Innern still erglühen,
Erwartungsvoll die reinen Segel blühen,
Doch deckt noch all' geheimnisvolles Schweigen.

Wird erst die Sonne auf die Berge steigen,
Gewaltig Licht in alle Lande blühen,
Sieht man ein frei Geschlecht nach Angst und Mühen
In stolzer Demut fromm die Kniee beugen

Unendlich' Wunderfernen sind gelichtet,
Unzählig Lieder himmelwärts auflangen,
Daß treue Liebe Gegenlieb' erreiche. –

Wer frei geboren, ist schon längst geflüchtet,
Die andern faßt ein unaussprechlich' Bangen,
Der Sänger zieht zum alten ew'gen Reiche.

Es wächst und strömt

Es wächst und strömt in ewigen Gedichten
Jauchzend im Innersten das freie Leben;
Des Tempels strahl'nde Säulen klingend beben,
Unübersehbar will sich's himmlisch lichten.

Den heil'gen Kampf sie irdisch möchten schlichten,
Er spült sonst mit sich fort ihr schwankes Leben;
Die Arme wollen sie nicht gläubig heben,
Zur Nacht kein Herz, nicht Lieb sich aufzurichten.

Es bäumt das Roß in zorn'gem Mut sich raffend,
Durch eure Netze funkeln Schwert und Lanze,
Bricht Liebesblick aus tiefer, ew'ger Bläue.

Und wie ihr stehet, euch verwundernd, gaffend,
Glüht ferne Helm und Speer im Morgenglanze,
Und über die Berge sprenget froh der Freie.

HERBSTLIEDCHEN

Flog Waldvögelein über den See,
Lieb' grüne Zeit, lieb' grüne Zeit; –
Es zogen die Wolken: Ade, Ade!
Wir fliegen mitsammen gar weit, gar weit!

Es schaut Feinsliebchen vom hohen Saal,
Fern ziehn die Ritter im grünen Tal;
Waldvöglein sang immerfort: Ade!
Das tat Feinsliebchen im Herzen so weh.

AN DIE VORÜBERSCHIFFENDE

Frisch eilt der helle Strom hinunter,
Drauf ziehn viel' bunte Schifflein munter,
Und Strom und Schiff und bunte Scheine,
Sie fragen alle, was ich weine? –
Mir ist so wohl, mir ist so weh,
Wie ich den Frühling fahren seh'!

Viel Lenze sitz' ich schon da oben,
Ein Regenbogen steht im Land erhoben
Und durch die Täler, Wiesen, Wogen,
Still, wie ein fernes Lied, gezogen,
Schifft' immerfort dein himmlisch Bild –
Doch Strom und Schiff nie stille hielt.

MORGENLIED

Sei stark, getreues Herze!
Laß' ab von Angst und Schmerze!
Steh auf und geh mit mir,
Viel Freude zeig' ich dir.

Die Lerchen jubilieren
Und fröhlich' Musizieren
Aus grünem frischem Wald
Von Stimmlein mannigfalt.

Wie geschmückt von Edelsteinen,
Die Erd' in bunten Scheinen
Als junge fromme Braut
Dir froh ins Herze schaut.

Im Garten zu spazieren,
Die Blumen mich verführen,
Schön' Augen aus dem Grün –
Viel heitrer Minnesinn!

Maria, schöne Rose!
Wie stünd' ich freudenlose,
Hätt' ich nicht Dich ersehn,
Vor allen Blumen schön.

Nun laß den Sommer gehen,
Die Blume, die bleibt stehen
Mit ew'gem Morgenschein –
Wer wollt' noch traurig sein!

LIED

Hat nun Lenz die silb'rnen Bronnen
    Losgebunden,
Knie' ich nieder süßbeklommen
    In die Wunder.

Himmelreich! so kommt geschwommen
    Auf die Wunden!
Hast du einzig mich erkoren
    Zu den Wundern?

In die Ferne süß verloren,
    Lieder fluten,
Daß sie, rückwärts sanft erschollen,
    Bringen Kunde.

Was die andern sorgen, wollen,
    Ist mir dunkel,
Mir will ew'ger Durst nur frommen
    Nach dem Durste.

Was ich liebe und vernommen,
    Was geklungen,
Ist den eignen, tiefen Wonnen
    Selig Wunder.

FRÜHLINGSLIED

Grün war die Weide,
    Der Himmel blau,
Wir schwuren beide
    Ewige Treu'.

Lenz ist's wohl wieder,
    Ferne ich bin,
Liebt fern noch lieber
    Der treue Sinn.

Verweinten Blicken
    Grünet die Au,
Goldene Brücken
    Schlägt er durch's Blau.

Frauen und Reiter
    Ziehen in's Grün,
Wohin so eilst Du,
    Fluß, blauer Fluß!

Soll ich nun beten?
Singen im Schein
Von Lust und Scherzen
Und großem Leid?

Blau ist der Himmel,
Blau ist die Treu',
Schlägt um den Frühling
Die Zauberei.

MINNELIED

Denk' ich Dein, muß bald verwehen
Alle Trübnis weit und breit,
Und die frischen Blicke gehen
Wie in einen Garten weit.

Wunderbare Vögel wieder
Singen dort von grüner Au,
Einsam' Engel in die Lieder
Ziehen durch den Himmel blau.

Wolken, Ströme, Schiffe alle
Segeln in die Pracht hinein,
Keines kehrt zurück von allen
Und ich stehe so allein.

Doch der Garten wird zur Rose,
„Ich, die Liebste, bei dir bin!"
Singt nun aus der Blume Schoße
Ewig mir die Zauberin.

Könnt' verblühen diese Rose,
Wär' der Lenz auch nicht mehr schön,
Müßt' ich einsam, freudenlose
Mit der Laute irrend gehn!

LIED

Vöglein in den sonn'gen Tagen!
Augen blau', die mich verführen!
Könnt' ich bunte Flügel rühren,
Über Berg und Tal zu tragen!

Ach! es spricht der Frühling schöne
Und die Vögel alle singen:
Sind die Farben denn nicht Töne,
Und die Töne blaue Schwingen?

Vöglein! ja ich lass' das Zagen!
Winde blau die Segel rühren,
Und ich lass' mich gern entführen,
Ach, wohin? mag ich nicht fragen.

DAS GEBET

Wen hat nicht einmal Angst befallen,
Wann Trübnis ihn gefangen hält,
Als mußt' er ewig rastlos wallen
Nach einer wunderbaren Welt?
All' Freunde sind lang fortgezogen,
Der Frühling weint in einem fort,
Eine Brücke ist der Regenbogen
Zum friedlich sichern Heimats-Port.

Hinauszuschlagen in die Töne,
Lockt dich Natur mit wilder Lust,
Zieht Minne holde, Frauenschöne
Zum Abgrund süß die sel'ge Brust –
Den Tod siehst du verhüllet gehen
Durch Lieb' und Leben himmelwärts,
Ein einzig Wunder nur bleibt stehen
Einsam über dem öden Schmerz.

Du seltner Pilger, laß dich warnen!
Aus ird'scher Lust und Zauberei,
Die Freud- und Leidvoll dich umgarnen,
Strecke zu Gott die Arme frei!
Nichts mehr mußt du hienieden haben,
Himmlischbetrübt, verlassen, arm,
Ein treues Kind, dem Vater klagen
Die ird'sche Lust, den ird'schen Harm.

Es breitet diese einz'ge Stunde
Sich über's ganze Leben still,
Legt blühend sich um deine Wunde,
Die niemals wieder heilen will.
Treu bleibt der Himmel stets den Treuen,
Zur Erd' das Ird'sche niedergeht,
Zum Himmel über die Wüsteneien
Geht ewig siegreich das Gebet.

DIE HOCHZEITSNACHT

Nachts durch die stille Runde
Rauschte des Rheines Lauf,
Ein Schifflein zog im Grunde,
Ein Ritter stand darauf.

Die Blicke irrend schweifen
Von seines Schiffes Rand.
Ein blutigroter Streifen
Sich um das Haupt ihm wand.

Der sprach: „Da oben stehet
Ein Schlößlein überm Rhein,
Die an dem Fenster stehet:
Das war die Liebste mein.

Sie hat mir Treu versprochen,
Bis ich gekommen sei,
Sie hat die Treu gebrochen
Und alles ist vorbei."

Viel' Hochzeitleute drehen
Da oben laut und bunt,
Sie bleibet einsam stehen
Und schauet in den Grund.

Und wie sie tanzten munter,
Und Schiff und Schiffer schwand,
Stieg sie vom Schloß hinunter,
Bis sie im Garten stand.

Die Spielleut' musizierten,
Sie sann gar mancherlei,
Die Töne sie so rührten,
Als müßt' das Herz entzwei.

Da trat ihr Bräut'gam süße
Zu ihr aus stiller Nacht,
So freundlich er sie grüßte,
Daß ihr das Herze lacht.

Er sprach: „Was willst du weinen,
Weil alle fröhlich sein!
Die Sterne schöne scheinen,
So lustig geht der Rhein.

Das Kränzlein in den Haaren
Steht dir so wunderfein,
Wir wollen etwas fahren
Hinunter auf dem Rhein."

Zum Kahn folgt sie behende,
Setzt sich ganz vorne hin,
Er setzt' sich an das Ende
Und ließ das Schifflein ziehn.

Sie sprach: „Die Töne kommen
Verworren durch den Wind,
Die Fenster sind verglommen,
Wir fahren so geschwind.

Was sind das für so lange
Gebirge weit und breit?
Mir wird auf einmal bange
In dieser Einsamkeit.

Und fremde Leute stehen
Auf mancher Felsenwand,
Und stehen still und sehen
So steinern über'n Rand."

Der Bräut'gam schien so traurig
Und sprach kein einzig Wort,
Schaut' in die Wellen schaurig
Und rudert' immerfort.

Sie sprach: „Schon seh ich Streifen
So rot im Morgen stehn,
Und Stimmen hör' ich schweifen,
Vom Ufer Hähne krähn.

Du siehst so still und wilde,
So bleich wird dein Gesicht,
Mir graut vor deinem Bilde –
Du bist mein Bräut'gam nicht."

Da stund er auf – das Sausen
Hielt still in Flut und Wald,
Es rührt mit Lust und Grausen
Das Herz ihr die Gestalt.

Und wie mit steinern'n Armen
Hob er sie auf voll Lust,
Drückt ihren schönen, warmen
Leib an die eis'ge Brust. –

Licht wurden Wald und Höhen,
Der Morgen schien blutrot,
Das Schifflein sah man gehen,
Die schöne Braut drin tot.

DER ARMEN SCHÖNHEIT LEBENSLAUF

Die arme Schönheit irrt auf Erden,
So lieblich Wetter draußen ist,
Möcht' gern recht viel gesehen werden,
Weil jeder sie so freundlich grüßt.

Und wer die arme Schönheit schauet,
Sich wie auf großes Glück besinnt,
Die Seele fühlt sich recht erbauet,
Wie wenn der Frühling neu beginnt.

Da sieht sie viele schöne Knaben,
Die reiten unten durch den Wind,
Möcht' manchen gern am Arme haben,
Ach, hüte dich, du armes Kind!

Da ziehn viel redliche Gesellen,
Die sagen: Hast nicht Geld, noch Haus,
Wir fürchten deine Augen helle,
Wir haben nichts zum Hochzeitsschmaus.

Von andern tut sie sich wegdrehen,
Weil keiner ihr so wohlgefällt,
Die müssen traurig weiter gehen,
Und zögen gern ans End' der Welt.

Da sagt sie: Was hilft mir mein Sehen,
Ich wünscht', ich wäre lieber blind,
Da alle furchtsam von mir gehen,
Weil so gar schön mein' Augen sind. –

Nun sitzt sie hoch auf schlichtem Schlosse,
In schöne Kleider putzt sie sich,
Die Fenster glühn, sie winkt vom Schlosse,
Die Sonne blinkt, das blendet dich.

Die Augen, die so furchtsam waren,
Die haben jetzt so freien Lauf,
Das Kränzlein ist fort aus den Haaren,
Und hohe Federn stehn darauf.

Das Kränzlein ist herausgerissen,
So ohne Scheu sie dich anlacht,
Sie wird dich süß und heimlich grüßen,
Lockt dich zu einer schönen Nacht.

Da sieht sie die Gesellen wieder,
Die fahren unten auf dem Fluß,
Es singen laut die lustgen Brüder,
So furchtbar schallt des Einen Gruß:

„Was bist du für 'ne schöne Leiche!
So wüste wird mir meine Brust.
Wie bist du nun so arm, du Reiche,
Ich hab' an dir nicht weiter Lust!"

Der Wilde hat ihr so gefallen,
Laut schrie sie auf bei seinem Gruß,
Vom Schloß möcht' sie hinunterfallen,
Und unten ruhn im kühlen Fluß.

Sie blieb nicht länger mehr da oben,
Weil alles anders worden war,
Das Herz ist ihr so hoch erhoben,
Da wars so kalt und doch so klar.

Kein Stern wollt' nicht die Nacht erhellen,
Da mußte die Verliebte gehn,
Es rauscht' der Fluß, fern Hunde bellen,
Die Fenster still erleuchtet stehn.

Da legt sie ab die goldnen Spangen,
Den falschen Putz und Ziererei,
Aus dem verstockten Herzen drangen
Die alten Tränen wieder frei.

„Zu lieben und geliebt zu werden,
Ging ich bei schönem Wetter aus,
Jetzt liebt mich Keiner mehr auf Erden,
Jetzt ists so still, wär' ich zu Haus!"

Nun bist du frei von allen Sünden,
Die Lieb' zog triumphierend ein,
Du wirst noch hohe Gnade finden,
Die Seele geht im Hafen ein. –

Der Liebste war ein Jäger worden,
Der Morgen schien so rosenrot,
Da blies er lustig auf dem Horne,
Blies immerfort in seiner Not.

KLAGE

Ich hab manch Lied geschrieben,
Die Seele war voll Lust,
Von rechtem Tun und Lieben,
Das Beste, was ich wußt'.

Was mir das Herz bewogen,
Das sagte treu mein Mund,
Und das ist nicht erlogen
Was kommt aus Herzensgrund.

Liebchen wußt's nicht zu deuten
Und lacht mir ins Gesicht,
Dreht' sich zu andern Leuten
Und achtet's weiter nicht.

Und spielt mit manchem Tropfe,
Weil ich so tief betrübt,
Mir ist so dumm im Kopfe,
Als wär' ich nicht verliebt.

Ach Gott, wem soll ich trauen,
Will sie mich nicht verstehn,
Tun all' so fremde schauen,
Und alles muß vergehn.

Und alles irrt zerstreuet,
Sie ist so schön und rot,
Ich hab' nichts, was mich freuet,
Ach wär' ich lieber tot!

LIED

In einem kühlen Grunde,
Da geht ein Mühlenrad,
Mein' Liebste ist verschwunden,
Die dort gewohnet hat.

Sie hat mir Treu versprochen,
Gab mir ein'n Ring dabei,
Sie hat die Treu gebrochen,
Mein Ringlein sprang entzwei.

Ich möcht' als Spielmann reisen
Weit in die Welt hinaus,
Und singen meine Weisen
Und gehn von Haus zu Haus.

Ich möcht' als Reiter fliegen
Wohl in die blut'ge Schlacht,
Um stille Feuer liegen
Im Feld bei dunkler Nacht.

Hör' ich das Mühlrad gehen,
Ich weiß nicht, was ich will,
Ich möcht' am liebsten sterben,
Da wär's auf einmal still.

HEIMKEHR

Sinds die Häuser, sinds die Gassen?
Ach, ich weiß nicht, wo ich bin,
Hab' ein Liebchen hier gelassen,
Und manch Jahr ging seitdem hin.

Aus den Fenstern schöne Frauen
Sehn mir freundlich ins Gesicht,
Keine kann so frischlich schauen,
Als mein liebes Liebchen sicht.

An dem Hause pocht' ich bange –
Doch die Fenster stehen leer,
Ausgezogen ist sie lange
Und es kennt mich Keiner mehr.

Und ringsum ein Rufen, Handeln,
Musikanten fiedeln drein,
Herrn und Damen gehn und wandeln
Zwischendurch in bunten Reihn.

Zierlich bücken, freundlich blicken,
Manches flücht'ge Liebeswort,
Händedrücken, heimlich Nicken –
Nimmt sie all der Strom mit fort.

Und mein Liebchen sah ich eben,
Traurig in dem lust'gen Schwarm,
Und ein schöner Herr daneben
Führt sie stolz und ernst am Arm.

Doch verblaßt war Mund und Wange,
Und gebrochen war ihr Blick,
Seltsam schaut' sie, stumm und lange,
Lange noch auf mich zurück.

Und es endet Tag und Scherzen,
Durch die Gassen pfeift der Wind,
Keiner weiß, wie unsre Herzen
Wild von Schmerz zerrissen sind.

WALDESGESPRÄCH

Es ist schon spät, es ist schon kalt,
Was reit'st du einsam durch den Wald?
Der Wald ist groß, du bist allein,
Du schöne Braut, ich führ' dich heim!

„Groß ist der Männer Trug und List,
Vor Schmerz mein Herz gebrochen ist,
Wohl irrt das Waldhorn her und hin,
O flieh, Du weißt nicht wer ich bin!"

So reich geschmückt ist Roß und Weib,
So wunderschön der junge Leib,
Jetzt kenn' ich dich – Gott steh mir bei!
Du bist die Hexe Lorelay.

„Du kennst mich wohl – vom hohen Stein
Schaut still mein Schloß in tiefen Rhein;
Es ist schon spät, es wird schon kalt,
Kommst nimmermehr aus diesem Wald!"

AN DIE DICHTER

Wo treues Wollen, redlich Streben
Und rechten Sinn der Rechte spürt,
Das muß die Seele ihm erheben,
Das hat mich jedesmal gerührt.

Das Reich des Glaubens ist geendet,
Zerstört die alte Herrlichkeit,
Die Schönheit weinend abgewendet,
So Götterlos ist unsre Zeit.

O Einfalt gut in frommen Herzen,
Du züchtge, schöne Gottesbraut!
Dich schlugen sie mit frechen Scherzen,
Weil Dir vor ihrer Klugheit graut.

Wo findst Du nun ein Haus, vertrieben,
Wo man Dir Deine Wunder läßt,
Das treue Tun, das schöne Lieben,
Des Lebens still unschuldig Fest?

Wo findst Du Deinen alten Garten,
Dein Spielzeug, wunderbares Kind,
Der Sterne heilge Redensarten,
Das Morgenrot, den blauen Wind?

Wie hat die Sonne schön geschienen,
Nun ist so müd' und alt die Zeit,
Wie stehst so jung Du unter ihnen,
Wie wird mein Herz mir stark und weit!

Der Dichter kann nicht mit verarmen,
Wenn alles um ihn her zerfällt,
Hebt ihn ein göttliches Erbarmen,
Der Dichter ist das Herz der Welt.

Den dunklen Willen aller Wesen,
Im Irdischen die heilge Spur,
Soll er durch Liebeskraft erlösen,
Der schöne Liebling der Natur.

Drum hat ihm Gott das Wort gegeben,
Das schnell das Dunkelste benennt,
Den frommen Ernst im schönen Leben,
Die Freudigkeit, die keiner kennt.

Da soll er singen frei auf Erden,
In Lust und Not auf Gott vertraun,
Daß alle Herzen lustig werden
Und innerlichst sich still erbaun.

Der Ehre sei er recht zum Horte,
Der Sünde leucht' er ins Gesicht,
Viel Wunderkraft ist in dem Worte,
Das hell aus reinem Herzen bricht.

Vor Eitelkeit soll er vor allen
Streng hüten sein unschuldges Herz,
In eitlem Witz sich nicht gefallen,
Das Höchste duldet keinen Scherz.

O laßt unedle Mühe fahren,
O spielt in Wortgeklinge nicht,
Nicht mit der Gnad', die ihr erfahren,
Zur Sünde wird sonst das Gedicht.

Den lieben Gott laß in dir walten,
Aus frischer Brust nur treulich sing',
Was wahr an dir, wird sich gestalten,
Das andre ist erbärmlich Ding. –

Den Morgen seh ich fröhlich scheinen,
Die Oder ziehn im grünen Grund,
Mir ist so wohl – die's redlich meinen
Die grüß ich all' aus Herzensgrund!

DIE FREUNDE

I.

Wer auf den Wogen schliefe
Ein sanft gewiegtes Kind,
Kennt nicht des Lebens Tiefe,
Vor süßem Träumen blind.

Doch wen die Stürme fassen
Zu wildem Tanz und Fest,
Hoch auf den dunklen Straßen
Die falsche Welt verläßt:

Der lernt sich wacker rühren,
Durch Nacht und Klippen hin
Lernt der das Steuer führen
Mit sichrem, ernsten Sinn.

Der ist vom echten Kerne,
Erprobt zu Lust und Pein,
Der glaubt an Gott und Sterne,
Der soll mein Schiffmann sein!

II.
An L.

Vor mir liegen Deine Zeilen,
Sind nicht Worte, Schriften nicht,
Pfeile, die verwundend heilen,
Freundes-Augen, treu und schlicht.

Niemals konnte so mich rühren
Noch der Liebsten Angesicht,
Wenn uns Augen süß verführen,
Und die Welt voll Glanz und Licht:

Als in Freundes-Augen lesen
Meiner eignen Seele Wort,
Fester Treue männlich Wesen,
In Betrübnis Trost und Hort.

So verschlingen in Gedanken
Sich zwei Stämme wundertreu,
Andre dran sich mutig ranken
Kron' an Krone immer neu.

Prächt'ger Wald, wo's kühl zu wohnen,
Stille wachsend Baum an Baum,
Mit den brüderlichen Kronen
Rauschend in dem Himmelsraum!

Es saß ein Mann

Es saß ein Mann gefangen
   Auf einem hohen Turm,
Die Wetterfähnlein klangen
   Gar seltsam in den Sturm.

Und draußen hört' er ringen
   Verworr'ner Ströme Gang,
Dazwischen Vöglein singen,
   Und heller Waffen Klang.

Ein Liedlein scholl gar lustig:
   Heisa, so lang Gott will!
Und wilder Menge Tosen,
   Dann wieder totenstill.

So tausend Stimmen irren,
   Wie Wind' im Meere geh'n,
Sich teilen und verwirren,
   Er konnte nichts versteh'n.

Doch spürt' er, wer ihn grüße
   Mit Schaudern und mit Lust,
Es rührt ihm wie ein Riese
   Das Leben an die Brust.

GEISTESGRUSS

Nächtlich dehnen sich die Stunden,
Unschuld schläft in stiller Bucht,
Fernab ist die Welt verschwunden,
Die das Herz in Träumen sucht.

Und der Geist tritt auf die Zinne,
Und noch stiller wird's umher,
Schauet mit dem starren Sinne
In das wesenlose Meer.

Wer ihn sah bei Wetterblicken
Steh'n in seiner Rüstung blank:
Den mag nimmermehr erquicken
Reichen Lebens frischer Drang. –

Fröhlich an den öden Mauern
Schweift der Morgensonne Blick,
Da versinkt das Bild mit Schauern
Einsam in sich selbst zurück.

DIE BRAUT

Wann die Bäume blüh'n und sprossen
Und die Lerche kehrt zurück,
Denkt die Seele der Genossen,
Fühlet fern' und nahes Glück.

Selig Weinen sel'ger Herzen!
Wenn das Herz nichts weiter will,
Nicht weiß, ob es Lust, ob Schmerzen,
Aber fröhlich ist und still.

Frischer sich die Hügel kränzen,
Heitrer lacht das weite Blau,
Alle Blumen schöner glänzen
Durch des Auges süßen Tau.

Und soll denn das Lieben leiden,
Und, wer leidet, krank auch sein,
Ach, so will ich keine Freuden,
Und mag nicht gesund mehr sein!

Ach, von dem weichen Pfühle

Ach, von dem weichen Pfühle
Was treibt dich irr umher?
Bei meinem Saitenspiele
Schlafe, was willst du mehr?

Bei meinem Saitenspiele
Heben dich allzusehr
Die ewigen Gefühle;
Schlafe, was willst du mehr?

Die ewigen Gefühle,
Schnupfen und Husten schwer,
Ziehn durch die nächt'ge Kühle;
Schlafe, was willst du mehr?

Ziehn durch die nächt'ge Kühle
Mir den Verliebten her,
Hoch auf schwindlige Pfühle;
Schlafe, was willst du mehr?

Hoch auf schwindligem Pfühle
Zähle der Sterne Heer;
Und so dir das mißfiele:
Schlafe, was willst du mehr?

Die Welt ruht

Die Welt ruht still im Hafen,
Mein Liebchen, gute Nacht!
Wann Wald und Berge schlafen,
Treu' Liebe einsam wacht.

Ich bin so wach und lustig,
Die Seele ist so licht,
Und eh' ich liebt', da wußt' ich
Von solcher Freude nicht.

Ich fühl' mich so befreiet
Von eitlem Trieb und Streit,
Nichts mehr das Herz zerstreuet
In seiner Fröhlichkeit.

Mir ist, als müßt' ich singen
So recht aus tiefster Lust
Von wunderbaren Dingen,
Was niemand sonst bewußt.

O könnt' ich alles sagen!
O wär' ich recht geschickt!
So muß ich still ertragen,
Was mich so hoch beglückt.

DER KRANKE

Soll ich Dich denn nun verlassen,
Erde, heit'res Vaterhaus?
Herzlich Lieben, mutig Hassen,
Ist denn alles, alles aus?

Vor dem Fenster durch die Linden
Spielt es wie ein linder Gruß,
Lüfte, wollt ihr mir verkünden,
Daß ich bald hinunter muß? –

Liebe, ferne, blaue Hügel,
Stiller Fluß im Tales-Grün,
Ach, wie oft wünsch' ich mir Flügel,
Über euch hinweg zu zieh'n!

Da sich jetzt die Flügel dehnen
Schaur' ich in mich selbst zurück,
Und ein unbeschreiblich Sehnen
Zieht mich zu der Welt zurück.

GEBET

Gott, inbrünstig möcht' ich beten,
Doch der Erde Bilder treten
Immer zwischen dich und mich,
Und die Seele muß mit Grauen
Wie in einen Abgrund schauen,
Strenger Gott, ich fürchte dich!

Ach, so brich auch meine Ketten!
Alle Menschen zu erretten,
Gingst du ja in bittern Tod.
Irrend an der Hölle Toren,
Ach, wie bald bin ich verloren,
Hilfst du nicht in meiner Not!

AUF DEM RHEIN

Kühle auf dem schönen Rheine,
Fuhren wir vereinte Brüder,
Tranken von dem goldnen Weine,
Singend gute deutsche Lieder.
Was uns dort erfüllt die Brust,
Sollen wir halten,
Niemals erkalten
Und vollbringen treu mit Lust!

Und so wollen wir uns teilen,
Eines Fels verschiedne Quellen,
Bleiben so auf hundert Meilen
Ewig redliche Gesellen!

Es waren zwei junge Grafen

Es waren zwei junge Grafen
Verliebt bis in den Tod,
Die konnten nicht ruh'n noch schlafen
Bis an den Morgen rot.

O trau' den zwei Gesellen,
Mein Liebchen, nimmermehr,
Die geh'n wie Wind und Wellen,
Gott weiß: wohin, woher. –

Wir grüßen Land und Sterne
Mit wunderbarem Klang,
Und wer uns spürt von Ferne,
Dem wird so wohl und bang.

Wir haben wohl hienieden
Kein Haus an keinem Ort,
Es reisen die Gedanken
Zur Heimat ewig fort.

Wie eines Stromes Dringen
Geht unser Lebenslauf,
Gesanges Macht und Ringen
Tut helle Augen auf.

Und Ufer, Wolkenflügel,
Die Liebe hoch und mild –
Es wird in diesem Spiegel
Die ganze Welt zum Bild.

Dich rührt die frische Helle,
Das Rauschen heimlich kühl,
Das lockt dich zu der Welle,
Weil's draußen leer und schwül.

Doch wolle nie dir halten
Der Bilder Wunder fest,
Tot wird ihr freies Walten,
Hältst du es weltlich fest.

Kein Bett darf er hier finden.
Wohl in den Tälern schön
Siehst du sein Gold sich winden,
Dann plötzlich Meerwärts dreh'n.

AN —

Was lebte, rollt' zum Himmel aus dem Tale,
Des Ritters Mut, Gesanges feur'ge Zungen,
Und aus den Felsen Münster kühn geschwungen,
Das Kreuz erhebend hoch im Morgenstrahle.

Versunken sind die alten Wundermale,
Nur eine Waldkapelle unbezwungen,
Blieb einsam stehen über Niederungen,
Die läutet fort und fort hinab zum Tale.

Was frägt die Menge, ob's der Wind verwehe, –
Nur Ein'ge trifft der Laut, die stehn erschrocken,
Und mahnend lockt's wie Heimweh sie zur Höhe.

Ein heit'rer Greis zieht oben still die Glocken,
Reicht fest die Hand und führt aus der Verheerung
Durch's alte Tor die Treuen zur Verklärung.

ZORN

1810

Seh' ich im verfall'nen, dunkeln
Haus die alten Waffen hangen,
Zornig aus dem Roste funkeln,
Wenn der Morgen aufgegangen,

Und den letzten Klang verflogen,
Wo im wilden Zug der Wetter,
Auf's gekreuzte Schwert gebogen,
Einst gehaust des Landes Retter.

Und ein neu Geschlecht von Zwergen
Schwindelnd um die Felsen klettern,
Frech, wenn's sonnig auf den Bergen,
Feige krümmend sich in Wettern,

Ihres Heilands Blut und Tränen
Spottend noch einmal verkaufen,
Ohne Klage, Wunsch und Sehnen
In der Zeiten Strom ersaufen;

Denk' ich dann, wie Du gestanden
Treu, da niemand treu geblieben:
Möcht' ich, über unsre Schande
Tiefentbrannt in zorn'gem Lieben,

Wurzeln in der Felsen Marke,
Und empor zu Himmels Lichten
Stumm anstrebend wie die starke
Riesentanne mich aufrichten.

NACHTFEIER

1810

Decket Schlaf die weite Runde,
Muß ich oft am Fenster lauschen,
Wie die Ströme unten rauschen,
Räder sausen kühl im Grunde,
Und mir ist so wohl zur Stunde;
Denn hinab vom Felsenrande
Spür' ich Freiheit, uralt Sehnen,
Fromm zerbrechend alle Bande,
Über Wälder, Strom und Lande
Keck die großen Flügel dehnen.

Was je Großes brach die Schranken,
Seh' ich durch die Stille gehen,
Helden auf den Wolken stehen,
Ernsten Blickes, ohne Wanken,
Und es wollen die Gedanken
Mit den guten Alten hausen,
Sich in ihr Gespräch vermischen,
Das da kommt in Waldes-Brausen.
Manchem füllt's die Brust mit Grausen,
Mich soll's laben und erfrischen!

Tag und Regung war entflohen,
Über'n See nur kam Geläute
Durch die monderhellte Weite,
Und rings brannten auf den hohen
Alpen still die bleichen Lohen,
Ew'ge Wächter echter Weihe,
Als, erhoben vom Verderben
Und vom Jammer, da die Dreie
Einsam traten in das Freie,
Frei zu leben und zu sterben.

Und so wachen heute Viele
Einsam über ihrem Kummer;
Unerquickt von falschem Schlummer,
Aus des Wechsels wildem Spiele
Schauend fromm nach Einem Ziele.
Durch die öde, stumme Leere
Fühl' ich mich Euch still verbündet;
Ob der Tag das Recht verkehre,
Ewig strahlt der Stern der Ehre,
Kühn in heil'ger Nacht entzündet.

HEIMKEHR

1810

Heimwärts kam ich spät gezogen,
Nach dem väterlichen Haus,
Die Gedanken weit geflogen
Über Berg und Tal voraus.
Nur noch hier aus diesem Walde!
Sprach ich, streichelt' sanft mein Roß,
Gold'nen Haber kriegst du balde,
Ruh'n wir aus auf lichtem Schloß.

Doch warum auf diesen Wegen
Sieht's so still und einsam aus?
Kommt denn keiner mir entgegen,
Bin ich nicht mehr Sohn vom Haus?
Kein' Hoboen hör' ich schallen,
Keine bunte Truppe mehr
Seh' ich froh den Burgpfad wallen –
Damals ging es lust'ger her.

Über die verguld'ten Zinnen
Trat der Monden eben vor,
Holla ho! ist niemand drinnen?
Fest verriegelt ist das Tor.
Wer will in der Nacht mich weisen,
Von des Vaters Hof und Haus!
Mit dem Schwert hau' ich die Eisen,
Und das Tor springt rasselnd auf.

Doch was seh' ich! wüst, verfallen
Zimmer, Hof und Bogen sind,
Einsam meine Tritte hallen,
Durch die Fenster pfeift der Wind.
Alle Ahnenbilder lagen
Glanzlos in den Schutt verwühlt,
Und die Zitter drauf zerschlagen,
Auf der ich als Kind gespielt.

Und ich nahm die alte Zitter,
Trat an's Fenster voller Gras,
Wo so ofte hinter'm Gitter
Sonst die Mutter bei mir saß:
Gern mit Märlein mich erbaute,
Daß ich still saß, Abendrot,
Strom und Wälder fromm beschaute –
Mutter, bist du auch schon tot?

So war ich in' Hof gekommen, –
Was ich da auf einmal sah,
Hat den Atem mir benommen,
Bleibt mir bis zum Tode nah:
Aufrecht saßen meine Ahnen,
Und kein Laut im Hofe ging,
Eingehüllt in ihre Fahnen,
Da im ewig stillen Ring.

Und den Vater, unter ihnen
Sah ich sitzen an der Wand,
Streng und steinern seine Mienen,
Doch in tiefster Brust bekannt;
Und in den gefalt'nen Händen
Hielt er ernst ein blankes Schwert,
Tät die Blicke niemals wenden,
Ewig auf den Stahl gekehrt.

Da rief ich aus tiefsten Schmerzen:
Vater, sprich ein einzig Wort,
Wälz' den Fels von deinem Herzen,
Starre nicht so ewig fort!
Was das Schwert mit seinen Scheinen,
Rede, was dein Schauen will;
Denn mir graust durch Mark und Beine,
Wie du so entsetzlich still. –

Morgenleuchten kam geflogen,
Und der Vater ward so bleich,
Adler hoch darüber zogen
Durch das klare Himmelreich,
Und der Väter stiller Orden
Sank zur Ruh in Ewigkeit,
Steine, wie es lichte worden,
Standen da im Hof' zerstreut.

Nur der Degen blieb da droben
Einsam liegen über'm Grab;
„Sei denn Hab' und Gut zerstoben,
Wenn ich dich, du Schwert, nur hab'!"
Und ich faßt' es. – Leute wühlten
Über'n Berg, hinab, hinauf,
Ob sie für verrückt mich hielten –
Mir ging hell die Sonne auf.

NACHTGRUSS

Weil jetzo alles stille ist
Und alle Menschen schlafen,
Mein Seel' das ew'ge Licht begrüßt,
Ruht wie ein Schiff im Hafen.

Der falsche Fleiß, die Eitelkeit,
Was Keinen mag erlaben,
Darin der Tag das Herz zerstreut,
Liegt alles tief begraben.

Ein andrer König wunderreich
Mit königlichen Sinnen
Zieht herrlich ein im stillen Reich,
Besteigt die ew'gen Zinnen.

FRISCHE FAHRT

Laue Luft kommt blau geflossen,
Frühling, Frühling soll es sein!
Waldwärts Hörnerklang geschossen,
Mut'ger Augen lichter Schein;
Und das Wirren bunt und bunter
Wird ein magisch wilder Fluß,
In die schöne Welt hinunter
Lockt dich dieses Stromes Gruß.

Und ich mag mich nicht bewahren!
Weit von Euch treibt mich der Wind,
Auf dem Strome will ich fahren,
Von dem Glanze selig blind!
Tausend Stimmen lockend schlagen,
Hoch Aurora flammend weht,
Fahre zu! ich mag nicht fragen,
Wo die Fahrt zu Ende geht!

AN DEN HASENGARTEN

O schöner Grund, o Höhen,
O schöner, grüner Wald,
Du meiner Lust und Wehen
Andächt'ger Aufenthalt!
Da draußen, stets betrogen,
Saust die geschäft'ge Welt,
O schlag' die kühlen Wogen
Um mich, du grünes Zelt!

Wenn es beginnt zu tagen,
Die Erde dampft und blinkt,
Die Vögel lustig schlagen,
Daß dir das Herze klingt:
Da mag vergehn, verwehen
Das trübe Erdenleid,
Da sollst du auferstehen
In junger Herrlichkeit.

Da steht im Wald geschrieben,
Ein stilles, ernstes Wort
Von treuem Tun und Lieben
Und was des Menschen Hort:
Ich habe fromm gelesen
Die Worte schlicht und wahr,
Und durch mein ganzes Wesen
Ward's unaussprechlich klar.

Bald werd' ich Dich verlassen,
Fremd in der Fremde gehn,
Auf buntbewegten Gassen
Des Lebens Schauspiel sehn,
Und mitten in dem Leben
Wird Deines Ernsts Gewalt
Mich Einsamen erheben,
So wird mein Herz nicht alt.

Dir gibt nicht Ruhm, noch Namen,
Was ich hier dacht' und litt;
Die Lieder, wie sie kamen,
Schwimmen im Strome mit.
So rausche unverderblich
Und stark viel' hundert Jahr!
Der Ort bleibt doch unsterblich,
Wo Einer glücklich war.

DER JÄGER ABSCHIED

Wer hat dich du schöner Wald
Aufgebaut so hoch da droben?
Wohl den Meister will ich loben,
So lang noch mein' Stimm' erschallt.
Lebe wohl,
Lebe wohl, du schöner Wald!

Tief die Welt verworren schallt,
Oben einsam Rehe grasen,
Und wir ziehen fort und blasen,
Daß es tausendfach verhallt:
Lebe wohl,
Lebe wohl, du schöner Wald!

Banner, der so kühle wallt!
Unter Deinen grünen Wogen
Hast du treu uns auferzogen.
Frommer Sagen Aufenthalt!
Lebe wohl,
Lebe wohl, du schöner Wald!

Was wir still gelobt im Wald,
Wollen's draußen ehrlich halten,
Ewig bleiben treu die Alten:
Deutsch Panier, das rauschend wallt,
Lebe wohl!
Schirm' dich Gott, du schöner Wald!

WEHMUT

Ich kann wohl manchmal singen,
Als ob ich fröhlich sei,
Doch heimlich Tränen dringen,
Da wird das Herz mir frei.

So lassen Nachtigallen,
Spielt draußen Frühlingsluft,
Der Sehnsucht Lied erschallen
Aus ihres Käfigs Gruft.

Da lauschen alle Herzen,
Und alles ist erfreut,
Doch keiner fühlt die Schmerzen,
Im Lied das tiefe Leid.

IN DER NACHT

Das Leben draußen ist verrauschet,
Die Lichter löschen aus,
Schauernd mein Herz am Fenster lauschet
Still in die Nacht hinaus.

Da nun der laute Tag zerronnen
Mit seiner Not und Lust,
Was hast du in dem Spiel gewonnen,
Was blieb der müden Brust? –

Der Mond ist trostreich aufgegangen,
Da unterging die Welt,
Der Sterne heil'ge Bilder prangen
So einsam hochgestellt!

O Herr! auf dunkelschwankem Meere
Fahr' ich auf schwachem Boot,
Treu folgend Deinem goldnen Heere
Zum ew'gen Morgenrot.

ZWEIFEL

Könnt' es jemals denn verblühen,
Dieses Glänzen, dieses Licht,
Das durch Arbeit, Sorgen, Mühen
Wie der Tag durch Wolken bricht,
Blumen, die so farbig glühen,
Um das öde Leben flicht?

Golden sind des Himmels Säume,
Abwärts ziehen Furcht und Nacht,
Rüstig rauschen Ström' und Bäume
Und die heitre Runde lacht,
Ach, das sind nicht leere Träume,
Was im Busen da erwacht!

Bunt verschlingen sich die Gänge,
Tost die Menge her und hin,
Schallen zwischendrein Gesänge,
Die durch's Ganze golden ziehn,
Still begegnet im Gedränge
Dir des Lebens ernster Sinn.

Und das Herz denkt sich verloren,
Besser Andrer Tun und Wust,
Fühlt sich wieder dann erkoren,
Ewig einsam doch die Brust.
O des Wechsels, o des Toren,
O der Schmerzen, o der Lust!

DER VERLIEBTE REISENDE

I.

Da fahr' ich still im Wagen,
Du bist so weit von mir,
Wohin er mich mag tragen,
Ich bleibe doch bei dir.

Da fliegen Wälder, Klüfte
Und schöne Täler tief,
Und Lerchen hoch in Lüften,
Als ob dein' Stimme rief'.

Die Sonne lustig scheinet
Weit über das Revier,
Ich bin so froh verweinet
Und singe still in mir.

Vom Berge geht's hinunter,
Das Posthorn schallt im Grund,
Mein' Seel' wird mir so munter,
Grüß' dich aus Herzensgrund!

II.

Ich geh' durch die dunkeln Gassen
Und wandre von Haus zu Haus,
Ich kann mich noch immer nicht fassen,
Sieht alles so trübe aus.

Da gehen viel Männer und Frauen,
Die alle so lustig sehn,
Die fahren und lachen und bauen,
Daß mir die Sinne vergehn.

Oft wenn ich bläuliche Streifen
Seh' über die Dächer fliehn,
Sonnenschein draußen schweifen,
Wolken am Himmel ziehn:

Da treten mitten im Scherze
Die Tränen ins Auge mir,
Denn die mich lieben von Herzen
Sind alle so weit von hier.

III.

Lied, mit Tränen halb geschrieben,
Dorthin über Berg und Kluft,
Wo die Liebste mein geblieben,
Schwing' dich durch die blaue Luft!

Ist sie rot und lustig, sage:
Ich sei krank von Herzensgrund;
Weint sie Nachts, sinnt still bei Tage,
Ja dann sag: ich sei gesund!

Ist vorbei ihr treues Lieben,
Nun, so end' auch Lust und Not,
Und zu allen, die mich lieben,
Fliege, sage: ich sei tot!

IV.

Ach Liebchen, dich ließ ich zurücke,
Mein liebes, herziges Kind,
Da lauern viel Menschen voll Tücke,
Die sind dir so feindlich gesinnt.

Die möchten so gerne zerstören
Auf Erden das schöne Fest,
Ach könnte das Lieben aufhören,
So mögen sie nehmen den Rest.

Und alle die grünen Orte,
Wo wir gegangen im Wald,
Die sind nun wohl anders geworden,
Da ist's nun so still und kalt.

Da sind nun am kalten Himmel
Viel tausend Sterne gestellt,
Es scheint ihr goldnes Gewimmel
Weit übers beschneite Feld.

Mein' Seele ist so beklommen,
Die Gassen sind leer und tot,
Da hab' ich die Laute genommen
Und singe in meiner Not.

Ach wär' ich im stillen Hafen!
Kalte Winde am Fenster gehn,
Schlaf ruhig, mein Liebchen, schlafe,
Treu' Liebe wird ewig bestehn!

V.

Grün war die Weide,
Der Himmel blau,
Wir saßen beide
Auf glänziger Au.

Sind's Nachtigallen
Wieder, was ruft,
Lerchen, die schallen
Aus warmer Luft?

Ich hör' die Lieder,
Fern, ohne dich,
Lenz ists wohl wieder
Doch nicht für mich.

VI.

Wolken, Wälderwärts gegangen,
Wolken, fliegend über's Haus,
Könnt' ich an euch fest mich hangen,
Mit euch fliegen weit hinaus!

Taglang durch die Wälder schweif' ich,
Voll Gedanken sitz' ich still,
In die Saiten flüchtig greif' ich,
Wieder dann auf einmal still.

Schöne, rührende Geschichten
Fallen ein mir, wo ich steh,
Lustig muß ich schreiben, dichten,
Ist mir selber gleich so weh.

Manches Lied, das ich geschrieben
Wohl vor manchem langen Jahr,
Da die Welt vom treuen Lieben
Schön mir überglänzet war.

Find' ich's wieder jetzt voll Bangen:
Werd' ich wunderbar gerührt,
Denn so lang ist das vergangen,
Was mich zu dem Lied verführt.

Diese Wolken ziehen weiter,
Alle Vögel sind erweckt,
Und die Gegend glänzet heiter,
Weit und fröhlich aufgedeckt.

Regen flüchtig abwärts gehen,
Scheint die Sonne zwischendrein,
Und dein Haus, dein Garten stehen
Über'm Wald im stillen Schein.

Doch du harrst nicht mehr mit Schmerzen,
Wo so lang' dein Liebster sei –
Und mich tötet noch im Herzen
Dieser Schmerzen Zauberei.

VII.

Mit meinem Saitenspiele,
Das schön geklungen hat,
Komm' ich durch Länder viele
Zurück in diese Stadt.

Ich ziehe durch die Gassen,
So finster ist die Nacht,
Und alles so verlassen,
Hatt's anders mir gedacht.

Am Brunnen steh ich lange,
Der rauscht fort, wie vorher,
Kommt mancher wohl gegangen,
Es kennt mich keiner mehr.

Da hört' ich geigen, pfeifen,
Die Fenster glänzten weit,
Dazwischen drehn und schleifen
Viel' fremde, fröhliche Leut'.

Und Herz und Sinne mir brannten,
Mich trieb's in die weite Welt,
Es spielten die Musikanten,
Da fiel ich hin im Feld.

TROST

Sag' an, du helles Bächlein du,
Von Felsen eingeschlossen,
Du rauschst so munter immerzu,
Wo kommst du hergeflossen?

„Dort oben steht des Vaters Haus
Still in den klaren Lüften,
Da ruh'n die alten Helden aus
In den krystall'nen Klüften.

Ich sah den Morgen freudig stehn
Hoch auf der Felsenschwelle,
Die Adler ziehn und Ströme gehn,
Und sprang hinaus in's Helle.“

Sag' an, du königlicher Strom,
Was geht mein Herz mir auf,
Seh' ich dich zieh'n durch Waldes Dom?
Wohin führt dich dein Lauf?

„Es treibt und rauscht der Eisenquell
Noch fort mir durch die Glieder;
Die Felsenlust, so kühl und hell,
Lockt zu mir alle Brüder.“

BEGEGNUNG

Ich wandert' in der Frühlingszeit,
Fern auf den Bergen gingen
Mit Geigenspiel und Singen
Viel' lust'ge Hochzeitsleut',
Das war ein Jauchzen und Klingen!
Es blühte rings in Tal und Höh'n,
Ich konnt' vor Lust nicht weitergeh'n.

Am Dorfe dann auf grüner Au
Begannen sie den Reigen
Und durch den Schall der Geigen
Lacht' laut die junge Frau,
Ihr Stimmlein klang so eigen,
Ich wußte nicht, wie mir gescheh'n –
Da wandt' sie sich in wildem Dreh'n.

Es war mein Lieb! 's ist lange her,
Sie blickt' so ohne Scheue,
Verloren ist die Treue,
Sie kannte mich nicht mehr –
Da jauchzt' und geigt's auf's neue,
Ich aber wandt' mich fort in's Feld,
Nun wandr' ich bis an's End' der Welt!

So eitel künstlich

So eitel künstlich haben sie verwoben
Die Kunst, die selber sie nicht gläubig achten,
Und Sünde so in diese Unschuld brachten.
Wer unterscheidet, was noch stammt von oben?

Doch wer mag würdig jene Reinen loben,
Die in der Zeit hochmüt'gem Trieb und Trachten
Die heil'ge Flamme treu in sich bewachten,
Aus der die alte Schönheit neu erhoben!

O Herr! gib Demut denen, die da irren,
Daß, wenn ihr' Künste all' zu Schanden werden,
Sie töricht nicht den Gott in sich verfluchen!

Begeisterung, was falsch ist, zu entwirren,
Und Freudigkeit, wo's öde wird auf Erden,
Verleihe denen, die dich redlich suchen!

Hüte dich,
bleib' wach und munter

Gedichte 1811–1815

AN DIE ENTFERNTE

I.

Denk ich, Du Stille, an Dein ruhig Walten,
An jenes letzten Abends rote Kühle,
Wo ich die teu're Hand noch durfte halten:
Steh' ich oft sinnend stille im Gewühle,
Und, wie den Schweitzer heim'sche Alphornslieder
Auf fremden Bergen, fern den Freunden allen,
Oft unverhofft befallen,
Kommt tiefe Sehnsucht plötzlich auf mich nieder.

Ich hab' es oft in Deiner Brust gelesen:
Nie hast Du recht mich in mir selbst gefunden,
Fremd blieb, zu keck und treibend Dir mein Wesen,
Und so bin ich im Strome Dir verschwunden.
O nenn' drum nicht die schöne Jugend wilde,
Die mit dem Leben und mit seinen Schmerzen
Mag unbekümmert scherzen,
Weil sie die Brust reich fühlt und ernst und milde!

Getrennt ist längst schon uns'res Lebens Reise,
Es trieb mein Herz durch licht' und dunkle Stunden.
Dem festern Blick erweitern sich die Kreise,
In Duft ist jenes erste Reich verschwunden –
Doch, wie die Pfade einsam sich verwildern,
Was ich seitdem, von Lust und Leid bezwungen,
Geliebt, geirrt, gesungen:
Ich knie' vor Dir in all' den tausend Bildern.

II.

Als noch Lieb' mit mir im Bunde,
Hatt' ich Ruhe keine Stunde;
Wenn im Schloß noch alle schliefen,
War's, als ob süß' Stimmen riefen,
Tönend bis zum Herzensgrunde:

„Auf! schon gold'ne Strahlen dringen,
Heiter funkeln Wald und Garten,
Neu erquickt die Vögel singen,
Läßt Du so Dein Liebchen warten?"
Und vom Lager mußt' ich springen.

Doch kein Licht noch sah ich grauen,
Draußen durch die nächtlich lauen
Räume und die Wolken flogen,
Daß die Seele, mitgezogen,
Gern versank im tiefen Schauen –
Unten dann die weite Runde,
Schlösser glänzend fern erhoben,
Nachtigallen aus dem Grunde,
Alles wie im Traum verwoben,
Mit einander still im Bunde.

Wach blieb ich am Fenster stehen,
Kühler schon die Lüfte wehen,
Rot schon rings des Himmels Säume,
Regten frischer sich die Bäume,
Stimmen hört' ich fernab gehen:
Und durch Türen, öde Bogen,
Zürnend, daß die Riegel klungen,
Bin ich heimlich ausgezogen,
Bis befreit auf's Roß geschwungen,
Morgenwinde mich umflogen.

Läßt der Morgen von den Höhen
Weit die roten Fahnen wehen,
Widerhall in allen Lüften,
Losgerissen aus den Klüften
Silberner die Ströme gehen:
Spürt der Mann die frischen Geister,
Draußen auf dem Feld, zu Pferde
Alle Ängsten keck zerreißt er,
Dampfend unter ihm die Erde,
Fühlt er hier sich Herr und Meister.

Und so öffnet' ich die schwüle
Brust aufatmend in der Kühle!
Locken fort aus Stirn und Wange,
Daß der Strom mich ganz umfange,
Frei das blaue Meer umspüle,
Mit den Wolken, eilig fliehend,
Mit der Ströme lichtem Grüßen
Die Gedanken fröhlich ziehend,
Weit voraus vor Wolken, Flüssen –
Ach! ich fühlte, daß ich blühend!

Und im schönen Garten droben,
Wie aus Träumen erst gehoben,
Sah ich still mein Mädchen stehen,
Über Fluß und Wälder gehen
Von der heitern Warte oben
Ihre Augen licht und helle,
Wann der Liebste kommen werde. –
Ja! da kam die Sonne schnelle,
Und weit um die ganze Erde
War es morgenschön und helle!

MORGEN

Fliegt der erste Morgenstrahl
Durch das stille Nebeltal,
Rauscht erwachend Wald und Hügel:
Wer da fliegen kann, nimmt Flügel!

Und sein Hütlein in die Luft
Wirft der Mensch vor Lust und ruft:
Hat Gesang doch auch noch Schwingen,
Nun so will ich fröhlich singen!

AUF EINER BURG

Eingeschlafen auf der Lauer
Oben ist der alte Ritter;
Drüber gehen Regenschauer,
Und der Wald rauscht durch das Gitter.

Eingewachsen Bart und Haare,
Und versteinert Brust und Krause,
Sitzt er viele hundert Jahre
Oben in der stillen Klause.

Draußen ist es still und friedlich,
Alle sind in's Tal gezogen,
Waldesvögel einsam singen
In den leeren Fensterbogen.

Eine Hochzeit fährt da unten
Auf dem Rhein im Sonnenscheine,
Musikanten spielen munter,
Und die schöne Braut die weinet.

ZWIELICHT

Dämmrung will die Flügel spreiten,
Schaurig rühren sich die Bäume,
Wolken zieh'n wie schwere Träume –
Was will dieses Grau'n bedeuten?

Hast ein Reh du, lieb vor andern,
Laß es nicht alleine grasen,
Jäger zieh'n im Wald' und blasen,
Stimmen hin und wieder wandern.

Hast du einen Freund hienieden,
Trau ihm nicht zu dieser Stunde,
Freundlich wohl mit Aug' und Munde,
Sinnt er Krieg im tück'schen Frieden.

Was heut müde gehet unter,
Hebt sich morgen neugeboren.
Manches bleibt in Nacht verloren –
Hüte dich, bleib' wach und munter!

DAS FLÜGELROSS

Ich hab' nicht viel hienieden,
Ich hab' nicht Geld noch Gut,
Was vielen nicht beschieden,
Ist mein – der frische Mut!

Was andre mag ergötzen,
Das kümmert wenig mich,
Sie leben in den Schätzen,
In Freuden lebe ich.

Ich hab' ein Roß mit Flügeln,
Getreu in Lust und Not,
Das wiehernd spannt die Flügel
Bei jedem Morgenrot.

Mein Liebchen, wie so öde
Wird's oft in Stadt und Schloß,
Frisch auf, und sei nicht blöde,
Besteig' mit mir mein Roß!

Wir segeln durch die Räume,
Ich zeig' dir Meer und Land,
Wie wunderbare Träume
Tief unten ausgespannt,

Hellblinkend zu den Füßen
Unzähl'ger Ströme Lauf;
Es steigt ein Frühlingsgrüßen
Verhallend zu uns auf.

Und bunt und immer wilder
In Liebe, Haß und Lust
Verwirren sich die Bilder –
Was schwindelt dir die Brust?

So fröhlich still im Herzen,
Zieh' all' ich himmelwärts,
Es kommen selbst die Schmerzen
Melodisch an das Herz.

Der Sänger zwingt mit Klängen,
Was störrig, dumpf und wild,
Es spiegelt in Gesängen
Die Welt sich göttlichmild.

Und unten nun verbrauset
Des breiten Lebens Strom,
Der Adler einsam hauset
Im stillen Himmelsdom.

Und sehn wir dann den Abend
Verhallen und verblühn,
Im Meere kühlelabend
Die heil'gen Sterne glühn:

So lenken wir hernieder
Zu Waldes grünem Haus,
Und ruhn vom Schwung der Lieder
Auf blüh'ndem Moose aus.

O sterndurchwebtes Düstern,
O heimlichstiller Grund,
O süßes Liebesflüstern,
So innig Mund an Mund!

Die Nachtigallen locken,
Mein Liebchen atmet lind',
Mit Schleier zart und Locken
Spielt buhlerisch der Wind.

Und schlaf' denn bis zum Morgen,
So sanft gelehnt an mich!
Süß sind der Liebe Sorgen,
Dein Liebster wacht für dich.

Ich halt' die blüh'nden Glieder,
Vor süßen Schauern bang',
Ich laß dich ja nicht wieder
Mein ganzes Leben lang.

Aurora will sich heben,
Du schlägst die Augen auf, –
O wonniges Erbeben,
O schöner Lebenslauf!

DER BRÄUTIGAM

Von allen Bergen nieder
   So fröhlich Grüßen schallt –
Das ist der Frühling wieder,
   Der ruft zum grünen Wald!

Ein Liedchen ist erklungen
   Herauf zum stillen Schloß –
Dein Liebster hat's gesungen
   Der hebt Dich auf sein Roß.

Wir reiten so geschwinde,
   Von allen Menschen weit. –
Da rauscht die Luft so linde
   In Waldeseinsamkeit.

Wohin? Im Mondenschimmer
   So bleich der Wald schon steht. –
Leis rauscht die Nacht – frag' nimmer,
   Wo Lieb' zu Ende geht!

STÄNDCHEN

Schlafe, Liebchen, weil's auf Erden
Nun so still und seltsam wird!
Oben gehn die goldnen Herden,
Für uns alle wacht der Hirt.

In der Ferne ziehn Gewitter;
Einsam auf dem Schifflein schwank,
Greif' ich draußen in die Zitter,
Weil mir gar so schwül und bang.

Schlingend sich an Bäum' und Zweigen
In Dein stilles Kämmerlein,
Wie auf goldnen Leitern, steigen
Diese Töne aus und ein.

Und ein wunderschöner Knabe
Schifft hoch über Tal und Kluft,
Rührt mit seinem goldnen Stabe
Säuselnd in der lauen Luft.

Und in wunderbaren Weisen
Singt er ein uraltes Lied,
Das in linden Zauberkreisen
Hinter seinem Schifflein zieht.

   Ach, den süßen Klang verführet
Weit der buhlerische Wind,
Und durch Schloß und Wand ihn spüret
Träumend jedes schöne Kind.

NACHTWANDERER

Er reitet Nachts auf einem braunen Roß,
Er reitet vorüber an manchem Schloß:
Schlaf' droben, mein Kind, bis der Tag erscheint,
Die finstre Nacht ist des Menschen Feind!

Er reitet vorüber an einem Teich,
Da stehet ein schönes Mädchen bleich
Und singt, ihr Hemdlein flattert im Wind:
Vorüber, vorüber, mir graut vor dem Kind!

Er reitet vorüber an einem Fluß,
Da ruft ihm der Wassermann seinen Gruß,
Taucht wieder unter dann mit Gesaus,
Und stille wird's über dem kühlen Haus.

Wenn Tag und Nacht in verworrenem Streit,
Schon Hähne krähen in Dörfern weit,
Da schauert sein Roß und wühlet hinab,
Scharret ihm schnaubend sein eigenes Grab.

Schlag' mit flamm'gen Flügeln!

   Schlag' mit den flamm'gen Flügeln!
Wenn Blitz aus Blitz sich reißt:
Steht wie in Rossesbügeln
So ritterlich mein Geist.

Waldesrauschen, Wetterblicken
Macht recht die Seele los,
Da grüßt sie mit Entzücken,
Was wahrhaft, ernst und groß.

Es schiffen die Gedanken
Fern wie auf weitem Meer,
Wie auch die Wogen schwanken:
Die Segel schwellen mehr.

Herr Gott, es wacht Dein Wille!
Wie Tag und Lust verweh'n,
Mein Herz wird mir so stille
Und wird nicht untergeh'n.

DIE GENIALE

Lustig auf den Kopf, mein Liebchen,
Stell' dich, in die Luft die Bein'!
Heißa! ich will sein dein Bübchen,
Heute Nacht soll Hochzeit sein!

Wenn du Shakespear kannst vertragen,
O du liebe Unschuld du!
Wirst du mich wohl auch ertragen
Und noch Jedermann dazu. –

NACHTLIED

Vergangen ist der lichte Tag,
Von ferne kommt der Glocken Schlag;
So reis't die Zeit die ganze Nacht,
Nimmt manchen mit, der's nicht gedacht.

Wo ist nun hin die bunte Lust,
Des Freundes Trost und treue Brust,
Des Weibes süßer Augenschein?
Will keiner mit mir munter sein?

Da's nun so stille auf der Welt,
Zieh'n Wolken einsam über's Feld,
Und Feld und Baum besprechen sich, –
O Menschenkind! was schauert Dich?

Wie weit die falsche Welt auch sei,
Bleibt mir doch Einer nur getreu,
Der mit mir weint, der mit mir wacht,
Wenn ich nur recht an Ihn gedacht.

Frisch auf denn, liebe Nachtigall,
Du Wasserfall mit hellem Schall!
Gott loben wollen wir vereint,
Bis daß der lichte Morgen scheint!

WARNUNG

Wann der kalte Schnee zergangen,
Stehst Du draußen in der Tür,
Kommt ein Knabe schön gegangen,
Stellt sich freundlich da zu Dir,
Lobet Deine frischen Wangen,
Dunkle Locken, Augen licht,
Wann der kalte Schnee zergangen
Glaub' dem falschen Herzen nicht!

Wann die lauen Lüfte wehen,
Scheint die Sonne lieblich warm:
Wirst Du wohl spazieren gehen,
Und er führet Dich am Arm,

Tränen Dir im Auge stehen,
Denn so schön klingt, was er spricht,
Wann die lauen Lüfte wehen,
Glaub' dem falschen Herzen nicht!

Wann die Lerchen wieder schwirren,
Trittst Du draußen vor das Haus,
Doch er mag nicht mit Dir irren,
Zog weit in das Land hinaus;
Die Gedanken sich verwirren,
Wie Du siehst den Morgen rot, –
Wann die Lerchen wieder schwirren,
Armes Kind, ach, wärst Du tot!

DIE STILLE

Es weiß und rät es doch Keiner,
Wie mir so wohl ist, so wohl!
Ach, wüßt' es nur Einer, nur Einer,
Kein Mensch es sonst wissen soll!

So still ist's nicht draußen im Schnee,
So stumm und verschwiegen sind
Die Sterne nicht in der Höhe,
Als meine Gedanken sind.

Ich wünscht', es wäre schon Morgen,
Da fliegen zwei Lerchen auf,
Die überfliegen einander,
Mein Herze folgt ihrem Lauf.

Ich wünscht', ich wäre ein Vöglein
Und zöge über das Meer,
Wohl über das Meer und weiter,
Bis daß ich im Himmel wär'!

BALLADE

Hoch über den stillen Höhen
Stand in dem Wald ein Haus,
Dort war's so einsam zu sehen
Weit über'n Wald hinaus.

Drin saß ein Mädchen am Rocken
Den ganzen Abend lang,
Der wurden die Augen nicht trocken,
Sie spann und sann und sang:

„Mein Liebster der war ein Reiter,
Dem schwur ich Treu' bis in Tod,
Der zog über Land und weiter,
Zu Krieges Lust und Not.

Und als ein Jahr war vergangen,
Und wieder blühte das Land,
Da stand ich voller Verlangen,
Hoch an des Waldes Rand.

Und zwischen den Bergesbogen
Wohl über den grünen Plan
Kam mancher Reiter gezogen,
Der meine kam nicht mit an.

Und zwischen den Bergesbogen
Wohl über den grünen Plan
Ein Jägersmann kam geflogen,
Der sah mich so mutig an.

So lieblich die Sonne schiene,
Das Waldhorn scholl weit und breit,
Da führt' er mich in das Grüne,
Das war eine schöne Zeit! –

   Der hat so lieblich gelogen
Mich aus der Treue heraus,
Der Falsche hat mich betrogen,
Zog weit in die Welt hinaus."

Sie konnte nicht weiter singen
Vor bittrem Schmerz und Leid,
Die Augen ihr übergingen
In ihrer Einsamkeit.

Die Muhme die saß bei'm Feuer
Und wärmet sich am Kamin,
Es flackert und sprüht das Feuer,
Hell über die Stub' es schien.

Sie sprach: „Ein Kränzlein in Haaren,
Das stünde dir heute gar schön,
Willst draußen auf dem See nicht fahren?
Hohe Blumen am Ufer dort steh'n."

„Ich kann nicht holen die Blumen,
Im Hemdlein weiß am Teich
Ein Mädchen hütet die Blumen,
Die sieht so totenbleich.

Und hoch auf des Seees Weite,
Wenn Alles finster und still,
Da rudern zwei stille Leute, –
Der Eine dich haben will.

Sie schauen wie alte Bekannte,
Still', ewig stille sie sind,
Doch ein Mal der Eine sich wandte,
Da faßt' mich ein eiskalter Wind. –

Mir ist zu wehe zum Weinen –
Die Uhr so gleichförmig pickt,
Das Rädlein, das schnurrt so in Einem,
Mir ist, als wär' ich verrückt. –

Ach Gott! wann wird sich doch röten
Die fröhliche Morgenstund'!
Ich möchte hinausgeh'n und beten,
Und beten aus Herzensgrund!

So bleich schon werden die Sterne,
Es rührt sich stärker der Wald,
Schon krähen die Hähne von Ferne,
Mich friert, es wird so kalt!

Ach, Muhme! was ist euch geschehen?
Die Nase wird euch so lang,
Die Augen sich seltsam verdrehen –
Wie wird mir vor euch so bang!" –

Und wie sie so grauenvoll klagte,
Klopft's draußen an's Fensterlein,
Ein Mann aus der Finsternis ragte,
Schaut' still in die Stube herein.

Die Haare wild umgehangen,
Von blutigen Tropfen naß,
Zwei blutige Streifen sich schlangen,
Wie Kränzlein, um's Antlitz blaß.

Er grüßt sie so fürchterlich heiter,
Er heißt sie sein' liebliche Braut,
Da kannt' sie mit Schaudern den Reiter,
Fällt nieder auf ihre Knie.

Er zielt' mit dem Rohre durch's Gitter
Auf die schneeweiße Brust hin;
„Ach, wie ist das Sterben so bitter!
Erbarm' dich, weil ich so jung noch bin!" –

Stumm blieb sein steinerner Wille,
Es blitzte so rosenrot,
Da wurd' es auf ein Mal stille
Im Walde und Haus und Hof. –

Frühmorgens da lag so schaurig
Verfallen im Walde das Haus,
Ein Waldvöglein sang so traurig,
Flog fort, über den See hinaus.

MORGENLIED

Ein Stern still nach dem andern fällt
Tief in des Himmels Kluft,
Schon zucken Strahlen durch die Welt,
Ich wittre Morgenluft.

In Qualmen steigt und sinkt das Tal;
Verödet noch vom Fest
Liegt still der weite Freudensaal,
Und tot noch alle Gäst'.

Da hebt die Sonne aus dem Meer
Eratmend ihren Lauf:
Zur Erde geht, was feucht und schwer,
Was klar, zu ihr hinauf.

Hebt grüner Wälder Trieb und Macht
Neurauschend in die Luft,
Zieht hinten Städte, eitel Pracht,
Blau' Berge durch den Duft.

Spannt aus die grünen Tepp'che weich,
Von Strömen hell durchrankt,
Und schallend glänzt das frische Reich,
So weit das Auge langt.

Der Mensch nun aus der tiefen Welt
Der Träume tritt heraus,
Freut sich, daß alles noch so hält,
Daß noch das Spiel nicht aus.

Und nun geht's an ein Fleißigsein!
Umsumsend Berg und Tal,
Agieret lustig Groß und Klein
Den Plunder allzumal.

Die Sonne steiget einsam auf,
Ernst über Lust und Weh
Lenkt sie den ungestörten Lauf,
Zu stiller Glorie. –

Und *wie* er dehnt die Flügel aus,
Und *wie* er auch sich stellt:
Der Mensch kann nimmermehr hinaus
Aus dieser Narrenwelt.

IN DER FREMDE

Ich hör' die Bächlein rauschen
Im Walde her und hin,
Im Walde in dem Rauschen
Ich weiß nicht, wo ich bin.

Die Nachtigallen schlagen
Hier in der Einsamkeit,
Als wollten sie was sagen
Von der alten, schönen Zeit.

Die Mondesschimmer fliegen,
Als seh' ich unter mir
Das Schloß im Tale liegen,
Und ist doch so weit von hier!

Als müßte in dem Garten
Voll Rosen weiß und rot,
Meine Liebste auf mich warten,
Und ist doch lange tot.

MITTAGSRUH

Über Bergen, Fluß und Talen,
Stiller Lust und tiefen Qualen
Webet heimlich, schillert, Strahlen!
Sinnend ruht des Tags Gewühle
In der dunkelblauen Schwüle,
Und die ewigen Gefühle,
Was dir selber unbewußt,
Treten heimlich, groß und leise
Aus der Wirrung fester Gleise,
Aus der unbewachten Brust,
In die stillen, weiten Kreise.

AN DIE FREUNDE

Der Jugend Glanz, der Sehnsucht irre Weisen,
Die tausend Ströme durch das duft'ge Land,
Es zieht uns All' zu seinen Zauberkreisen. –
Wem Gottesdienst in tiefster Brust entbrannt,
Der sieht mit Wehmut ein unendlich Reisen
Zu ferner Heimat, die er fromm erkannt;
Und was sich *spielend* wob als ird'sche Blume,
Wölbt still den Kelch zum *ernsten* Heiligtume.

95

So schauet denn das buntbewegte Leben
Ringsum von meines Gartens heitrer Zinn',
Daß hoch die Bilder, die noch dämmernd schweben –
Wo Morgenglanz geblendet meinen Sinn –
An Eurem Blick erwachsen und sich heben.
Verwüstend rauscht die Zeit darüber hin;
In Euren treuen Herzen neu geboren
Sind sie im wilden Strome unverloren.

SÄNGER-FAHRT

Kühlrauschend unter'm hellen
Tiefblauen Himmelsdom
Treibt seine klaren Wellen
Der ew'gen Jugend Strom.

Viel rüstige Gesellen,
Den Argonauten gleich,
Sie fahren auf den Wellen
In's duft'ge Frühlingsreich.

Ich aber fass' den Becher,
Daß es durch's Schiff erklingt,
Am Mast steh' ich als Sprecher,
Der für euch alle singt.

Wie stehn wir hier so helle!
Wird mancher bald schlafen gehn,
O Leben, wie bist du schnelle,
O Leben, wie bist du schön!

Gegrüßt, du weite Runde,
Burg auf der Felsenwand,
Du Land voll großer Kunde,
Mein grünes Vaterland!

Euch möcht' ich alles geben,
Und ich bin fürstlich reich,
Mein Herzblut und mein Leben,
Ihr Brüder, alles für Euch!

So fahr't im Morgenschimmer!
Sei's Donau oder Rhein,
Ein rechter Strom bricht immer
In's ew'ge Meer hinein.

FRÜHLINGSMARSCH

Hoch über euern Sorgen
Sah ich vom Berg in's Land
Voll tausend guter Morgen,
Die Welt in Blüten stand.

Was zag't ihr träg und blöde?
Was schön ist, wird doch Dein!
Die Welt tut nur so spröde
Und will erobert sein.

Laßt die Trompeten laden,
Durch's Land die Trommeln geh'n,
Es wimmeln Kameraden,
Wo rechte Banner weh'n.

Wir zieh'n durch die Provinzen,
Da funkelt manches Schloß,
Schön Lieb, hol' Dich vom Zwinger
Und schwing' Dich mit auf's Roß!

Und wenn das Blühen endet:
Noch taumelnd sprengen wir,
Vom Abendrot geblendet,
In's letzte Nachtquartier.

DER FRIEDENSBOTE

Schlaf' ein, mein Liebchen, schlaf' ein,
Leis durch die Blumen am Gitter
Säuselt des Laubes Gezitter,
Rauschen die Quellen herein;
Gesenkt auf den schneeweißen Arm,
Schlaf' ein, mein Liebchen, schlaf' ein,
Wie atmest du lieblich und warm!

Aus dem Kriege kommen wir heim;
In stürmischer Nacht und Regen,
Wenn ich auf der Lauer gelegen,
Wie dachte ich dorten Dein!
Gott stand in der Not uns bei,
Nun droben, bei Mondenschein,
Schlaf' ruhig, das Land ist ja frei!

WAFFENSTILLSTAND DER NACHT

Windsgleich kommt der wilde Krieg geritten,
Durch das Grün der Tod ihm nachgeschritten,
Manch Gespenst steht sinnend auf dem Feld,
Und der Sommer schüttelt sich vor Grausen,
Läßt die Blätter, schließt die grünen Klausen,
Ab sich wendend von der blut'gen Welt.

Prächtig war die Nacht nun aufgegangen,
Hatte alle mütterlich umfangen,
Freund und Feind mit leisem Friedenskuß,
Und, als wollt' der Herr vom Himmel steigen,
Hört' ich wieder durch das tiefe Schweigen
Rings der Wälder feierlichen Gruß.

SPAZIERGANG

Ochse, wie bist du so stattlich, bedachtsam, fleißig und nützlich!
  Wahrlich, ich brauche dich sehr – aber du bist doch ein Ochs!

Ho da! Kartoffeln und ihr ökonomische Knollengewächse,
  Schreiten kaum kann man; gemach! macht euch nicht gar zu
  sehr breit!

Grüß dich, Klatschrose und Gänseblum', Butterblum', ländli-
  ches Völkchen,
  Schmucklos und ohne Geruch, unschuldig – weiter sonst
  nichts? –

Nelke, du reizendes Kind, wie hast du so gar nichts Bescheid'nes!
  Jauchzende Farben vor Lust flammst du in's traurige Grün,

Tief von den eigenen Düften du selber lustig berauschet
  Spiele denn, brenne, von dir laß ich berauschen mich gern!

UNMUT

O Herbst! betrübt verhüllst du
Strom, Wald und Blumenlust,
Erbleichte Flur, wie füllst du
Mit Sehnsucht nun die Brust!

Weit hinter diesen Höhen
Die hier mich eng umstellt,
Hör' ich eratmend gehen
Den großen Strom der Welt.

In lichtem Glanze wandelt
Der Helden heil'ger Mut,
Es steigt das Land verwandelt
Aus seiner Söhne Blut.

Auch mich füllt' männlich Trauern,
Wie Euch, bei Deutschlands Weh'n –
Und muß in Sehnsuchts-Schauern
Hier ruhmlos untergehn!

HERBSTKLAGE

Herbstnebel ziehn über den Weiher,
Das ist recht des Todes Bild!
Und tagelang sinnet der Reiher
Am Ufer dort einsam wild.

Mein Liebchen das hat mich verlassen,
Die Freunde sind alle weit,
Und Garten und Wälder erblassen,
Und singen von tiefem Leid.

Verschneit liegt bald alles danieder,
Wir selber wir werden alt,
Und kennen einander nicht wieder,
Verkümmert, zerstreut und kalt.

Zum Wald denn! da raset lautschallend
Das Horn durch des Windes Schrein,
Da krachen die Wipfel und fallen
Zum Abgrund Strom, Baum und Stein.

Und Schneewolken jagt's über'n Weiher,
Die Windsbraut singt ihren Gruß,
Rasch stürzt in den Sturm sich der Reiher –
Ach, daß ich hier stehen muß!

KLAGE

Du warst so herrlich anzuschauen,
So kühn und wild, und doch so lieb;
Dir mußt ich Leib und Seel vertrauen,
Ich mochte nichts was meine blieb.
Da hast du, Falscher, mich verlassen
Und Blumenlust und Frühlingsschein,
Die ganze Welt sah ich erblassen,
Ach Gott, wie bin ich nun allein. –

Wohl Jahre schaut ich von den Höhen
Und grüßte dich viel tausendmal,
Und viele sah ich unten gehen,
Doch du erschienst nicht in dem Tal.
Und mancher Lenz mit bunten Scherzen
Kam und verflog im lust'gen Lauf;
Doch ach, in dem betrognen Herzen
Geht niemals mehr der Frühling auf.

Ein Kränzlein trag ich nun im Haare
In reichen Kleidern schön geschmückt,
Führt mich ein andrer zum Altare;
Die Eltern sind so tief beglückt –
Und fröhlich kann ich mich wohl zeigen,
Die Sonne hell wie damals scheint,
Und vor dem Jauchzen und dem Geigen
Hört niemand wie die Braut still weint.

Die Frühlingslieder neu beginnen,
Du kehrst nach manchem Jahr zurück –
Und stehest still dich zu besinnen,
Wie auf ein längst vergangnes Glück.
Doch wüste liegt der schöne Garten,
Das Haus steht lange öd und leer,
Kein Blick will dein am Fenster warten
Und mich und dich kennt niemand mehr.

Doch eine Lerche siehst du steigen
Vom Tal zum blauen Himmelsport;
Ein Bächlein rauschet dort so eigen,
Als weinte es in einem fort. –
Dort haben sie mich hingetragen,
Bedeckten mir mit Stein den Mund,
Nun kann ich dir nicht einmal sagen –
Wie ich dich liebt' aus Herzensgrund.

MÄDCHEN

Gar oft schon fühlt' ich's tief, des Mädchens Seele
Wird nicht sich selbst, dem Liebsten nur geboren.
Da irrt sie nun verstoßen und verloren,
Schickt heimlich Blicke schön als Boten aus,
Daß sie auf Erden suchen ihr ein Haus.
Sie schlummert in der Schwüle, leicht bedeckt,
Lächelt im Schlafe, atmet warm und leise,
Doch die Gedanken sind fern auf der Reise,
Und auf den Wangen flattert träum'risch Feuer,
Hebt buhlend oft der Wind den zarten Schleier.
Der Mann, der da zum erstenmal sie weckt,
Zuerst hinunterlangt in diese Stille,
Dem fällt sie um den Hals vor Freude bang
Und läßt ihn nicht mehr all' ihr Lebelang.

GLÜCKLICHE FAHRT

Wünsch' an Wünsche feindlich schlagen
Und die feige Klugheit gilt.
Nur nach Schätzen siehst Du jagen,
Und die Gier wird nie gestillt.
Selig, wer es fromm mag wagen,
Durch das Treiben dumpf und wild
In der festen Brust zu tragen
Heil'ger Schönheit hohes Bild!

Sieh, da brechen tausend Quellen
Durch die felsenharte Welt,
Und zum Strome wird ihr Schwellen,
Der melodisch steigt und fällt.
Ringsum sich die Fernen hellen,
Gottes Hauch die Segel schwellt –
Rettend spülen Dich die Wellen
In des Herzens stille Welt.

DER ZAUBERISCHE SPIELMANN

Nächtlich in dem stillen Grunde,
Wenn das Abendrot versank,
Um das Waldschloß in die Runde
Ging ein lieblicher Gesang.

Fremde waren diese Weisen
Und der Sänger unbekannt,
Aber, wie in Zauberkreisen
Hielt er jede Brust gebannt.

Hinter blüh'nden Mandelbäumen
Auf dem Schloß das Fräulein lauscht
Drunten alle Blumen träumen,
Wollüstig der Garten rauscht.

Und wie Wellen buhlend klingen,
Ringend in geheimer Lust:
Kommt das wunderbare Singen
An die süßverträumte Brust.

„Warum weckst Du das Verlangen,
Das ich kaum zur Ruh gebracht?
Siehst Du hoch die *Lilien* prangen? –
Böser Sänger, gute Nacht!

Sieh', die Blumen steh'n voll Tränen
Einsam die Viole wacht,
Als wollt' sie sich schmachtend dehnen
In die warme Sommernacht.

Wohl von süßem roten Munde
Kommt so holden Sanges Macht –
Bleibst Du ewig dort im Grunde,
Unerkannt in stiller Nacht?

Ach' im Wind' verfliegt mein Grüßen!
Einmal, eh' der Tag erwacht,
Möcht' ich Deinen Mund nur küssen,
Sterbend so in süßer Nacht!

Nachtigall, verliebte, klage
Nicht so schmeichelnd durch die Nacht! –
Ach! ich weiß nicht was ich sage,
Krank bin ich und überwacht."

Also sprach sie, und die Lieder
Lockten stärker aus dem Tal,
Rings durchs ganze Tal hallt's wider
Von der Liebe Lust und Qual.

Und sie konnt' nicht widerstehen,
Enge ward ihr das Gemach,
Aus dem Schlosse mußt' sie gehen
Diesem Zauberstrome nach.

Einsam steigt sie von den Stufen,
Ach! so schwüle weht der Wind!
Draußen süß die Stimmen rufen
Immerfort das schöne Kind.

Alle Blumen trunken lauschen,
Von den Klängen hold durchirrt,
Lieblicher die Brunnen rauschen,
Und sie eilet süßverwirrt. –

Wohl am Himmel auf und nieder
Trieb der Hirt die goldne Schar,
Die Verliebte kehrt nicht wieder,
Leer nun Schloß und Garten war.

Und der Sänger seit der Stunde
Nicht mehr weiter singen will,
Rings im heimlich kühlen Grunde
War's vor Liebe selig still.

ABSCHIED UND WIEDERSEHEN

I.

In süßen Spielen unter nun gegangen
Sind Liebchens Augen, und sie atmet linde,
Stillauschend sitz' ich bei dem holden Kinde,
Die Locken streichelnd ihr von Stirn und Wangen.

Ach! Lust und Mond und Sterne sind vergangen,
Am Fenster mahnen schon die Morgenwinde,
Daß ich vom Nacken leis die Arme winde,
Die noch im Schlummer lieblich mich umfangen.

O öffne nicht der Augen süße Strahle!
Nur Einen Kuß noch – und zum letztenmale
Geh' ich von Dir durchs stille Schloß hernieder.

Streng greift der eis'ge Morgen an die Glieder,
Wie ist die Welt so klar und kalt und helle –
Tiefschaurend tret' ich von der lieben Schwelle.

II.

Ein zart Geheimnis webt in stillen Räumen,
Die Erde löst die diamantnen Schleifen
Und nach des Himmels süßen Strahlen greifen
Die Blumen, die der Mutter Kleid besäumen.

Da rauscht's lebendig draußen in den Bäumen,
Aus Osten langen purpurrote Streifen,
Hoch Lerchenlieder durch das Zwielicht schweifen –
Du hebst das blühn'de Köpfchen hold aus Träumen.

Was sind's für Klänge, die ans Fenster flogen?
So altbekannt verlocken diese Lieder,
Ein Sänger steht im schwanken Dämmerscheine. –

Wach' auf! Dein Liebster ist fernher gezogen
Und Frühling ist's auf Tal und Bergen wieder,
Wach auf, wach auf! nun bist Du ewig meine.

LIEDCHEN

Wie jauchzt meine Seele
Und singet in sich!
Kaum daß ich's verhehle,
So glücklich bin ich.

Rings Menschen sich drehen
Und reden gescheut,
Ich kann nichts verstehen,
So fröhlich zerstreut. –

Zu eng wird das Zimmer,
Wie glänzet das Feld,
Die Täler voll Schimmer,
Weit, herrlich die Welt!

Gepreßt bricht die Freude
Durch Riegel und Schloß,
Fort über die Heide!
Ach, hätt' ich ein Roß! –

Und frag' ich und sinn' ich,
Wie *so* mir geschehn? –
Mein Liebchen herzinnig,
Das soll ich heut' sehn.

ABEND

Gestürzt sind die gold'nen Brücken
Und unten und oben so still!
Es will mir nichts mehr glücken,
Ich weiß nicht mehr, was ich will.

Von üppig blühenden Schmerzen
Rauscht eine Wildnis im Grund,
Da spielt wie in wahnsinnigen Scherzen
Das Herz an dem schwindlichten Schlund. –

Die Felsen möchte ich packen
Vor Zorn und Wehe und Lust
Und unter den brechenden Zacken
Begraben die wilde Brust.

Da kommt der Frühling gegangen,
Wie ein Spielmann aus alter Zeit,
Und singt von uraltem Verlangen
So treu durch die Einsamkeit.

Und über mir Lerchenlieder
Und unter mir Blumen bunt,
So werf' ich im Grase mich nieder
Und weine aus Herzensgrund.

Da fühl' ich ein tiefes Entzücken,
Nun weiß ich wohl, was ich will,
Es bauen sich andere Brücken
Das Herz wird auf einmal still.

Der Abend streut rosige Flocken,
Verhüllet die Erde nun ganz,
Und durch des Schlummernden Locken
Zieh'n Sterne den heiligen Kranz.

Wohin ich geh' und schaue

Gedichte 1816–1830

FRÜHLINGSFAHRT

Es zogen zwei rüst'ge Gesellen
Zum ersten Mal von Haus
So jubelnd recht in die hellen
Klingenden, singenden Wellen
Des vollen Frühlings hinaus.

Die strebten nach hohen Dingen,
Die wollten trotz Lust und Schmerz,
Was Recht's in der Welt vollbringen,
Und wem sie vorübergingen
Dem lachten Sinnen und Herz. –

Der Erste, der fand ein Liebchen,
Die Schwieger kauft' Hof und Haus;
Der wiegte gar bald ein Bübchen,
Und sah aus heimlichen Stübchen
Behaglich in's Feld hinaus.

Dem zweiten sangen und logen
Die tausend Stimmen im Grund,
Verlockend' Sirenen, und zogen
Ihn in der buhlenden Wogen
Farbig klingenden Schlund.

Und wie er auftaucht vom Schlunde
Da war er müde und alt,
Sein Schifflein das lag im Grunde,
So still war's rings in die Runde
Und über die Wasser weht's kalt.

Es singen und klingen die Wellen
Des Frühlings wohl über mir;
Und seh ich so kecke Gesellen,
Die Tränen im Auge mir schwellen –
Ach Gott, führ' uns liebreich zu Dir!

DER FROHE WANDERSMANN

Wem Gott will rechte Gunst erweisen,
Den schickt er in die weite Welt,
Dem will er seine Wunder weisen
In Berg und Wald und Strom und Feld.

Die Trägen, die zu Hause liegen,
Erquicket nicht das Morgenrot,
Sie wissen nur vom Kinderwiegen
Von Sorgen, Last und Not um Brot.

Die Bächlein von den Bergen springen,
Die Lerchen schwirren hoch vor Lust,
Was sollt' ich nicht mit ihnen singen
Aus voller Kehl' und frischer Brust?

Den lieben Gott laß ich nur walten;
Der Bächlein, Lerchen, Wald und Feld
Und Erd' und Himmel will erhalten,
Hat auch mein' Sach' auf's Best' bestellt

DER GÄRTNER

Wohin ich geh' und schaue,
In Feld und Wald und Tal
Vom Berg hinab in die Aue:
Viel schöne, hohe Fraue,
Grüß' ich Dich tausendmal.

In meinem Garten find' ich
Viel Blumen, schön und fein,
Viel Kränze wohl d'raus wind' ich
Und tausend Gedanken bind' ich
Und Grüße mit darein.

Ihr darf ich keinen reichen,
Sie ist zu hoch und schön,
Die müssen alle verbleichen,
Die Liebe nur ohne Gleichen
Bleibt ewig im Herzen stehn.

Ich schein' wohl froher Dinge
Und schaffe auf und ab,
Und, ob das Herz zerspringe,
Ich grabe fort und singe
Und grab' mir bald mein Grab.

DER IRRE SPIELMANN

Aus stiller Kindheit unschuldiger Hut
Trieb mich der tolle, frevelnde Mut.
Seit ich da draußen so frei nun bin
Find' ich nicht wieder nach Hause hin.

Durch's Leben jag' ich manch trüg'risch Bild,
Wer ist der Jäger da? wer ist das Wild?
Es pfeift der Wind mir schneidend durchs Haar,
Ach Welt, wie bist Du so kalt und klar!

Du frommes Kindlein im stillen Haus,
Schau' nicht so lüstern zum Fenster hinaus!
Frag mich nicht, Kindlein, woher und wohin?
Weiß ich doch selber nicht wo ich bin!

Von Sünde und Reue zerrissen die Brust,
Wie rasend in verzweifelter Lust,
Brech ich im Fluge mir Blumen zum Strauß,
Wird doch kein fröhlicher Kranz nicht daraus! –

Ich möcht' in den tiefsten Wald wohl hinein,
Recht aus der Brust den Jammer zu schrei'n,
Ich möchte reiten an's Ende der Welt,
Wo der Mond und die Sonne hinunter fällt.

Wo schwindelnd beginnt die Ewigkeit,
Wie ein Meer, so erschrecklich still und weit,
Da sinken all' Ström' und Segel hinein,
Da wird es wohl endlich auch ruhig sein.

WINTER

Wie von Nacht verhangen,
Wußt' nicht, was ich will,
Schon so lange, lange
War ich totenstill.

Liegt die Welt voll Schmerzen,
Will's auch draußen schnei'n:
Wache auf, mein Herze,
Frühling muß es sein!

Was mich frech wollt' fassen,
'S ist nur Wogen-Schaum,
Falsche Ehr', Not, Hassen,
Welt, ich spür' dich kaum.

Breite nur die Flügel
Wieder, schönes Roß,
Frei laß ich die Zügel,
So brich durch, Genoss!

Und hat ausgeklungen
Liebes-Lust und Leid,
Um die wir gerungen
In der schönsten Zeit;

Nun so trag' mich weiter,
Wo das Wünschen aus –
Wie wird mir so heiter,
Roß, bring' mich nach Haus!

DER KRANKE

Vögelein munter
Singen so schön,
Lass't mich hinunter
Spazieren gehn!

„Nacht ist's ja draußen;
'S war nur der Sturm,
Den Du hörst sausen
Droben vom Turm."
Liebchen im Garten
Seh' ich dort steh'n,
Lang' mußt' sie warten,
O laßt mich gehn.

„Still nur! der blasse
Tod ist's, der sacht
Dort durch die Gasse
Schleicht in der Nacht."

Wie mir ergraute,
Bleiches Gesicht!
Geb't mir die Laute,
Mir wird so licht!

„Was willst Du singen
In tiefster Not?
Lenz, Lust vergingen,
Liebchen ist tot!" –

   Lass't mich, Gespenster!
Lied, riegl' auf die Gruft!
Öffnet die Fenster,
Luft, frische freie Luft!

MANDELKERNGEDICHT

Zwischen Akten, dunkeln Wänden
Bannt mich, Freiheitsbegehr*enden*,
Nun des Lebens strenge Pflicht,
Und aus Schränken, Akten-Schichten
Lachen mir die beleid*igten*
Musen in das Amts-Gesicht.

Als an Lenz und Morgenröte
Noch das Herz sich erlab*ete*,
O du stilles, heit'res Glück!
Wie ich nun auch heiß mich sehne,
Ach, aus dieser Sandeb*ene*
Führt kein Weg dahin zurück.

Als der letzte Balkentreter
Steh' ich armer Enterb*eter*
In des Staates Symphonie,
Ach, in diesem Schwall von Tönen
Wo fänd' ich da des eig*enen*
Herzens süße Melodie?

Ein Gedicht soll ich Euch spenden:
Nun, so geht mit dem Leid enden
Nicht zu strenge ins Gericht!
Nehmt den Willen für Gewährung,
Kühnen Reim für Begeist*erung*.
Diesen Unsinn als Gedicht!

DER ISEGRIMM

Aktenstöße Nachts verschlingen,
Schwatzen nach der Welt Gebrauch
Und das große Tret-Rad schwingen
Wie ein Ochs, das kann ich auch.

Aber glauben, daß der Plunder
Eben nicht der Plunder wär',
Sondern ein hochwichtig Wunder,
Das gelang mir nimmermehr.

Aber Andre überwitzen,
Daß ich mit dem Federkiel
Könnt' den morschen Weltbau stützen,
Schien mir immer Narrenspiel.

Und so, weil ich in dem Drehen
Dasteh' oft wie ein Pasquill,
Läßt die Welt mich eben stehen –
Mag sie's halten, wie sie will!

DURCH!

Laß dich die Welt nicht fangen,
Brich durch, mein freudig Herz,
Ein ernsteres Verlangen
Erheb' dich himmelwärts!

Greif in die goldnen Saiten,
Da spürst du, daß du frei,
Es hellen sich die Zeiten,
Aurora scheinet neu.

Es mag, will Alles brechen,
Die gotterfüllte Brust
Mit Tönen wohl besprechen
Der Menschen Streit und Lust.

Und eine Welt von Bildern
Baut sich da auf so still,
Wenn draußen dumpf verwildern
Die alte Schönheit will.

HERRMANNS ENKEL

Altdeutsch! – Altdeutsch? – Nun, das ist,
Was man so in Büchern liest: –
Kluge Rosse – prächt'ge Decken,
Händel, Kruzifixe, Recken –
O, wie herrlich strahlt dies Leben!
Göttlich! – Doch mit Unterschied.
Es versteht sich, daß man's deute –
'S wär' doch gar zu unbequem,
Wenn man Alles wörtlich nähm',
Wie's da durcheinander blüht! –
Diese Ritter – gute Leute,
Ehrlich, tapfer, brave Reiter –
Gegen uns doch Bärenhäuter!
Eigentlich sind wir wohl weiter.
Lehnstreu – Klöster – Barbarei –
Davon machen *wir* uns frei. –
Fangen wir *so* an zu sichten:
Fürcht' ich, bleibt es bei Gedichten –
Nein doch! Eines, geht mir bei,
Eines bleibt doch: Dies Vernichten
Aller Mode-Sklaverei!
Hohe Vaterländerei!
Schnittst Du los nicht Herrmanns Söhne
Von des Halstuchs schnöden Schlingen,
In den'n, sonder Kraft und Schöne,

Unsre Väter schmählich hingen?
Gabst Du nicht dem Löwen Mähne,
Die ihm frech die Zeit gestohlen?
Statt des wind'gen Fracks Geflatter
Der Litefka Schurz aus Polen,
Statt des Franzen knabenglatter
Schnauze: seinen Henri quatre? –
Bruder, ich sag's unverhohlen,
Und auch Du wirst's nicht bestreiten:
Große Zeichen großer Zeiten! –
Wahrlich, säh' ich nicht den Kragen
Über'n schwarzen Rock geschlagen,
Schien' mir Alles Ironie.
Doch wie sprech' ich da? Ironisch –
Dieses Wort ist nicht teutonisch.
Undeutsch ist die falsche Freude:
Künsteln am wahrhaften Wort!
Ob auch feige Poesie
Sauere Gesichter schneide:
Durch den welschen Lügenwitz
Schreitet stramm der Teutsche fort
Hinter seiner Nasenspitz',
Aller Ehrlichkeiten Sitz,
Biderb immer gradeaus.
Alles Welsche wird mir Graus,
Seit ich steck' im teutschen Kleide:
Du auch Liebchen wähle gleich
Deine Tracht Dir altteutsch aus!
Wie's auf Bildern noch zu schauen:
Wedel von dem Schweif der Pfauen,
Dann von Spitzen, blumenreich,
Wie 'ne mittelmäß'ge Scheibe,
Eine steife Hals-Rotunde!
'S ist so über'm schlanken Leibe
Wie ein Regenschirm gespannt,
Oben drauf dann, statt dem Knopf,
Schwebt der holde Frauenkopf,
In das Blütenmeer von Kragen,

Ariadnen gleich, verschlagen. –
O, und ein moral'scher Kragen!
Denn wer ist da so gewandt,
Flüsternd was in's Ohr zu sagen,
Was nicht gleich die Andern wissen?
Und – unmöglich ist das Küssen!

DER NEUE RATTENFÄNGER

Juchheißa! und ich führ' den Zug
Hopp über Feld und Graben.
Des alten Plunders ist genug,
Wir wollen neuen haben.

Was! wir gering? Ihr vornehm, reich?
Planierend schwirrt die Schere,
Seid Lumps' wie wir, so sind wir gleich,
Hübsch breit wird die Misere!

Das alte Lied das spiel' ich neu,
Da tanzen alle Leute,
Das ist die Vaterländerei,
O Herr, mach' uns gescheute! –

VON ENGELN UND VON BENGELN

Im Frühling auf grünem Hügel
Da saßen viel' Engelein,
Die putzten sich ihre Flügel
Und spielten im Sonnenschein.

Da kamen Störche gezogen,
Und jeder sich eines nahm.
Und ist damit fortgeflogen,
Bis daß er zu Menschen kam.

Und wo er anklopft' bescheiden,
Der kluge Adebar,
Da war das Haus voller Freuden; –
So geht es noch alle Jahr.

Die Engel weinten und lachten;
Und wußten nicht, wie ihn'n gescheh'n. –
Die Einen doch bald sich bedachten
Und meinten: das wird wohl geh'n!

Die machten bald wichtige Mienen
Und wurden erstaunlich klug,
Die Flügel gar unnütz ihn'n schienen,
Sie schämten sich deren genug.

Und mit dem Flügelkleide
Sie ließen den Flügelschnack,
Das war keine kleine Freude:
Nun stattlich in Hosen und Frack!

So wurden sie immer gescheuter
Und applizierten sich recht; –
Das wurden ansehnliche Leute,
Befanden sich gar nicht schlecht.

Den Andren war's, wenn die Aue
Noch dämmert' im Frühlingsschein,
Als zöge ein Engel durch's Blaue
Und rief' die Gesellen sein.

Die suchten den alten Hügel,
Der lag so hoch und weit;
Und dehnten sehnsüchtig die Flügel
Mit jeder Frühlingszeit.

Die Flügeldecken zersprangen,
Weit, morgenschön strahlt' die Welt,
Und über's Grün sie sich schwangen
Bis an das Himmelszelt.

Das fanden sie droben verschlossen,
Versäumten unten die Zeit: –
So irrten die kühnen Genossen
Verlassen in Lust und Leid.

Und als es nun kam zum Sterben,
Gott Vater zur Erden trat,
Seine Kinder wieder zu werben,
Die der Storch vertragen hat.

Die Einen konnten nicht fliegen,
So wohlleibig, träg und schwer,
Die mußt' er da lassen liegen,
Das tat ihm leid so sehr.

Die Andren streckten die Schwingen
In den Morgenglanz hinaus,
Und hörten die Engel singen,
Und flogen jauchzend nach Haus.

HEIMWEH

Wer in die Fremde will wandern,
Der muß mit der Liebsten gehn,
Es jubeln und lassen die Andern
Den Fremden alleine stehn.

Was wisset Ihr, dunkele Wipfeln,
Von der alten schönen Zeit?
Ach, die Heimat hinter den Gipfeln,
Wie liegt sie von hier so weit.

Am liebsten betracht' ich die Sterne,
Die schienen, wenn ich ging zu ihr,
Die Nachtigall hör' ich so gerne,
Sie sang vor der Liebsten Tür.

Der Morgen, das ist meine Freude!
Da steig' ich in stiller Stund'
Auf den höchsten Berg in die Weite,
Grüß Dich Deutschland aus Herzensgrund!

AN DER GRENZE

Die treuen Berg' steh'n auf der Wacht:
„Wer streicht bei stiller Morgenzeit
Da aus der Fremde durch die Heid'?" –
Ich aber mir die Berg' betracht'
Und lach' in mich vor großer Lust,
Und rufe recht aus frischer Brust
Parol und Feldgeschrei sogleich:
Vivat Östreich!

Da kennt mich erst die ganze Rund,
Nun grüßen Bach und Vöglein zart
Und Wälder rings nach Landesart,
Die Donau blitzt aus tiefem Grund,
Der Stephansturm auch ganz von fern
Guckt über'n Berg und säh' mich gern,
Und ist er's nicht, so kommt er doch gleich,
Vivat Östreich!

IN DIE HÖH'

Viel Essen macht viel breiter
Und hilft zum Himmel nicht,
Es kracht die Himmelsleiter,
Kommt so ein schwerer Wicht.
Das Trinken ist gescheiter,
Das schmeckt schon nach Idee,
Da braucht man keine Leiter,
Das geht gleich in die Höh'!

Viel Reden ist manierlich:
„Wohlauf?" – „Ein wenig flau!"
„Das Wetter ist spazierlich."
„Was macht die liebe Frau?"
„Ich danke!" und so weiter
Und breiter als ein See –
Das Singen ist gescheiter,
Das geht gleich in die Höh'!

Die Fisch' und Musikanten,
Die trinken Beide frisch,
Die Wein, die Andern Wasser,
D'rum hat der dumme Fisch
Statt Flügel Flederwische,
Liegt elend in der See –
Doch wir sind keine Fische,
Das geht gleich in die Höh'!

Ja! Trinken frisch und Singen,
Das bricht durch alles Weh,
Das sind zwei gute Schwingen,
Gemeine Welt, ade!
Du Erd' mit deinem Plunder,
Ihr Fische samt der See –
'S geht Alles, Alles unter:
Wir aber in die Höh'!

ZUM ABSCHIED

Horcht! die Stunde hat geschlagen,
  Und ein Schiffer steht am Bord,
Grüßt noch einmal, und es tragen
  Ihn die Wellen rauschend fort.

Sturm wühlt, und die Zeiten bäumen
  Sehnsüchtig sich himmelan,
Hoch in solcher Wellen Schäumen
  Segle, kühner Steuermann!

Und den letzten Becher, Brüder,
  Eh' wir hier verlassen stehn,
Und den letzten Klang der Lieder
  Auf ein freudig Wiedersehn!

DER NACHTVOGEL

Liegt der Tag rings auf der Lauer,
Blickt so schlau auf Lust und Trauer:
Kann ich kaum mich selbst verstehen.
Laß die Lauscher schlafen gehen!
Nur ein Stündchen unbewacht
Lass' in der verschwiegenen Nacht
Mich in Deine Augen sehen
Wie in stillen Mondenschein.
In dem Park an der Rotunde,
Wenn es dunkelt, harr' ich Dein.
Still und fromm ja will ich sein.
Liebste, ach nur Eine Stunde! –
Sieh' mir nicht so böse drein!
Willst Du nie Dein Schweigen brechen,
Ewig stumm, wie Blumen, sein:
O so laß mich das Versprechen
Pflücken Dir vom stillen Munde:

Liebste, ach nur Eine Stunde!
In dem Park, an der Rotunde,
Wenn es dunkelt, harr' ich Dein.

*

Coda
Und kann ich nicht sein
Mit Dir zu zwei'n,
So will ich, allein,
Der Schwermut mich weih'n!

DER SCHALK

Läuten kaum die Maienglocken
Leise durch den lauen Wind,
Hebt ein Knabe froh erschrocken
Aus dem Grase sich geschwind,
Schüttelt in den Blütenflocken
Seine feinen blonden Locken,
Schelmisch sinnend wie ein Kind.

Und nun wehen Lerchenlieder
Und es schlägt die Nachtigall,
Rauschend von den Bergen nieder
Kommt der kühle Wasserfall,
Rings im Walde bunt Gefieder: –
Frühling, Frühling ist es wieder
Und ein Jauchzen überall.

Und den Knaben hört man schwirren,
Gold'ne Fäden zart und lind
Durch die Lüfte künstlich wirren –
Und ein süßer Krieg beginnt:
Suchen, Fliehen, schmachtend Irren,
Bis sich alle hold verwirren. –
O beglücktes Labyrinth!

Wandern lieb' ich

Wandern lieb' ich für mein Leben,
Lebe eben wie ich kann,
Wollt' ich mir auch Mühe geben,
Paßt' es mir doch gar nicht an.

Schöne alte Lieder weiß ich,
In der Kälte, ohne Schuh'
Draußen in die Saiten reiß' ich,
Weiß nicht, wo ich Abend's ruh'.

Manche Schöne macht wohl Augen,
Meinet, ich gefiel' ihr sehr,
Wenn ich nur was wollte taugen,
So ein armer Lump nicht wär'. –

Mag dir Gott ein'n Mann bescheren,
Wohl mit Haus und Hof versehn!
Wenn wir zwei zusammen wären,
Möcht' mein Singen mir vergehn.

NACHTS

Ich wandre durch die stille Nacht,
Da schleicht der Mond so heimlich sacht
Oft aus der dunklen Wolkenhülle,
Und hin und her im Tal
Erwacht die Nachtigall,
Dann wieder Alles grau und stille.

O wunderbarer Nachtgesang:
Von fern im Land der Ströme Gang,
Leis Schauern in den dunklen Bäumen –
Wirr'st die Gedanken mir,
Mein irres Singen hier
Ist wie ein Rufen nur aus Träumen.

REISE-LIED

Durch Feld und Buchenhallen,
Bald singend, bald fröhlich still,
Recht lustig sei vor Allen,
Wer's Reisen wählen will.

Wenn's kaum in Osten glühte,
Die Welt noch still und weit,
Da weht recht durch's Gemüte
Die schöne Blütenzeit.

Die Lerch' als Morgenbote
Sich in die Lüfte schwingt,
Eine frische Reise-Note
Durch Wald und Herz erklingt.

O Lust, vom Berg zu schauen
Weit über Wald und Strom,
Hoch über sich den blauen
Tiefklaren Himmelsdom!

Vom Berge Vöglein fliegen
Und Wolken so geschwind,
Gedanken überfliegen
Die Vögel und den Wind.

Die Wolken zieh'n hernieder,
Das Vöglein senkt sich gleich,
Gedanken geh'n und Lieder
Fort bis in's Himmelreich.

BEI EINER LINDE

Seh' ich dich wieder, du geliebter Baum,
In dessen junge Triebe
Ich einst in jenes Frühlings schönstem Traum
Den Namen schnitt von meiner ersten Liebe?

Wie anders ist seitdem der Äste Bug –
Verwachsen und verschwunden
Im härt'ren Stamm der vielgeliebte Zug,
Wie ihre Liebe und die schönen Stunden!

Auch ich seitdem wuchs stille fort, wie du,
Und nichts an mir wollt' weilen;
Doch *meine* Wunde wuchs – und wuchs nicht zu,
Und wird wohl niemals mehr hienieden heilen!

NACHT

Die Vöglein, die so fröhlich sangen,
   Der Blumen bunte Pracht,
'S ist alles unter nun gegangen,
   Nur das Verlangen
   Der Liebe wacht.

Tritt nicht hinaus

Tritt nicht hinaus jetzt vor die Tür,
Die Nacht hat eignen Sang,
Das Waldhorn ruft, als rief's nach Dir,
Betrüglich ist der irre Klang,
Endlos der Wälder Labyrinth –
Behüt' Dich Gott, Du schönes Kind!

VESPER

Die Abendglocken klangen
   Schon durch das stille Tal,
Da saßen wir zusammen
   Da droben wohl Hundertmal.

Und unten war's so stille
   Im Lande weit und breit,
Nur über uns die Linde
   Rauscht' durch die Einsamkeit.

Was geh'n die Glocken heute
   Als ob ich weinen müßt'?
Die Glocken, die bedeuten,
   Daß meine Lieb' gestorben ist!

Ich wollt', ich läg' begraben,
   Und über mir rauscht' weit
Die Linde jeden Abend
   Von der alten, schönen Zeit!

DIE SPÄTE HOCHZEIT

Der Mond ging unter – jetzt ist's Zeit. –
   Der Bräut'gam steigt vom Roß,
Er hat so lange schon gefreit –
   Da tut sich auf das Schloß,
Und in der Halle sitzt die Braut
   Auf diamant'nem Sitz,
Von ihrem Schmuck tut's durch den Bau
   Ein'n langen roten Blitz. –

Blass' Knaben warten schweigend auf,
    Still' Gäste steh'n herum,
Da richt't die Braut sich langsam auf,
    So hoch und bleich und stumm.
Sie schlägt zurück ihr Goldgewand,
    Da schauert ihn vor Lust,
Sie langt mit kalter, weißer Hand
    Das Herz ihm aus der Brust.

FRISCHE FAHRT

Das ist unser Pegasus,
Der uns von dem schweren Volke
Hoch setzt über eine Wolke,
Da uns niemand schaden muß.
Flemming
(Mel. Mihi est propositum)

Viele Lerchen hellerwacht,
Die zum Himmel steigen,
Viele Sterne in der Nacht,
Vieler Wipfel Neigen,
Viele frische Herzen dann,
Die begeistert lauschen –
Da bricht erst der Lenz recht an,
Sang und Waldesrauschen!

So sind Viele hier gesellt:
Rüstige Gesellen,
Die ihr' Sach' auf Klang gestellt,
Schauspiel und Novellen,
Viele dann, die recht sich freu'n,
Wenn wir's löblich machen,
Und, greift einer falsch darein,
Auch von Herzen lachen.

Und wo solche Resonanz,
Klingt das Lied erst helle,
Und wie wir beisammen hier,
Blüht die sand'ge Schelle,
Kuckuck ruft und Nachtigall,
Und von Lust und Schmerzen
Weckt der Hall den Widerhall
Rings in tausend Herzen!

Ein Land, das Ihr schweigend meint,
Und *wir* freudig singen,
Und *ein* Meer, das uns vereint,
Soll hinüber bringen!
Frische Fahrt dann, nah und fern,
Allen mut'gen Seglern,
Die getreu dem rechten Stern,
Schleglern oder Heglern!

Komm' Trost der Welt, du stille Nacht

Gedichte 1831–1836

DER ALTE HELD

Tafellied zu Goethe's Geburtstag 1831

„Ich habe gewagt und gesungen,
Da die Welt noch stumm lag und bleich,
Ich habe den Bann bezwungen,
Der die schöne Braut hielt umschlungen,
Ich habe erobert das Reich.

Ich habe geforscht und ergründet
Und tat es euch treulich kund:
Was das Leben dunkel verkündet,
Die heilige Schrift, die entzündet
Der Herr in der Seelen Grund.

Wie rauschen nun Wälder und Quellen
Und singen vom ewigen Port:
Schon seh' ich Morgenrot schwellen,
Und ihr dort, ihr jungen Gesellen,
Fahrt immer immerfort!"

Und so, wenn es still geworden,
Schaut er vom Turm bei Nacht
Und segnet den Sänger-Orden,
Der an den blühenden Borden
Das schöne Reich bewacht.

Dort hat er nach Lust und Streiten
Das Panner aufgestellt,
Und die auf dem Strome der Zeiten
Am Felsen vorübergleiten,
Sie grüßen den alten Held.

IN DER FREMDE

Aus der Heimat hinter den Blitzen rot
Da kommen die Wolken her,
Aber Vater und Mutter sind lange tot,
Es kennt mich dort keiner mehr.
Wie bald, wie bald kommt die stille Zeit,
Da ruhe ich auch, und über mir
Rauschet die schöne Waldeinsamkeit
Und keiner mehr kennt mich auch hier.

IM GARTEN

Als ich nun zum erstenmale
Wieder durch den Garten ging,
Busch und Bächlein in dem Tale
Lustig an zu plaudern fing.

Blumen halbverstohlen blickten
Neckend aus dem Gras heraus,
Bunte Schmetterlinge schickten
Sie sogleich auf Kundschaft aus.

Auch der Kuckuck in den Zweigen
Fand sich bald zum Spielen ein,
Endlich brach der Baum das Schweigen:
„Warum kommst du heut allein?"

Da ich aber schwieg, da rührt' er
Wunderbar sein dunkles Haupt
Und ein Flüstern konnt' ich spüren
Zwischen Vöglein, Blüt' und Laub.

Tränen in dem Grase hingen,
Durch die abendstille Rund
Klagend nun die Quellen gingen,
Und ich weint' aus Herzensgrund.

NACHTS

Das ist's, was mich ganz verstöret:
Daß die Nacht nicht Ruhe hält,
Wenn zu atmen aufgehöret
Lange schon die müde Welt.

Daß die Glocken, die da schlagen,
Und im Wald der leise Wind
Jede Nacht von neuem klagen
Um mein liebes, süßes Kind.

Daß mein Herz nicht konnte brechen
Bei dem letzten Todeskuß,
Daß ich wie im Wahnsinn sprechen
Nun in irren Liedern muß.

AUF DEN TOD MEINES KINDES

1.

Freuden wollt' ich dir bereiten,
Zwischen Kämpfen, Lust und Schmerz
Wollt' ich treulich dich geleiten
Durch das Leben himmelwärts.

Doch du hast's allein gefunden.
Wo kein Vater führen kann,
Durch die ernste, dunkle Stunde
Gingst du schuldlos mir voran.

Wie das Säuseln leiser Schwingen,
Draußen über Tal und Kluft,
Ging zur selben Stund ein Singen
Ferne durch die stille Luft.

Und so fröhlich glänzt' der Morgen,
'S war als ob das Singen sprach:
Jetzo lasset alle Sorgen,
Liebt ihr mich, so folgt mir nach!

2.

Ich führt' dich oft spazieren
In Winter-Einsamkeit,
Kein Laut ließ sich da spüren,
Du schöne, stille Zeit!

Lenz ist's nun, Lerchen singen
Im Blauen über mir,
Ich weine still – sie bringen
Mir einen Gruß von dir.

3.

Die Welt treibt fort ihr Wesen,
Die Leute kommen und gehn,
Als wärst du nie gewesen,
Als wäre nichts geschehn.

Wie sehn' ich mich auf's neue
Hinaus in Wald und Flur!
Ob ich mich gräm', mich freue,
Du bleibst mir treu, Natur.

Da klagt vor tiefem Sehnen
Schluchzend die Nachtigall,
Es schimmern rings von Tränen
Die Blumen überall.

Und über alle Gipfel
Und Blütentäler zieht
Durch stillen Waldes Wipfel
Ein heimlich Klagelied.

Da spür' ich's recht im Herzen,
Daß du's, Herr, draußen bist –
Du weißt's, wie mir von Schmerzen
Mein Herz zerrissen ist!

4.

Von fern die Uhren schlagen,
Es ist schon tiefe Nacht,
Die Lampe brennt so düster,
Dein Bettlein ist gemacht.

Die Winde nur noch gehen
Wehklagend um das Haus,
Wir sitzen einsam drinne
Und lauschen oft hinaus.

Es ist, als müßtest leise
Du klopfen an die Tür,
Du hätt'st dich nur verirret,
Und kämst nun müd zurück.

Wir armen, armen Toren!
Wir irren ja im Graus
Des Dunkels noch verloren –
Du fandest längst nach Haus.

5.

Dort ist so tiefer Schatten,
Du schläfst in guter Ruh,
Es deckt mit grünen Matten
Der liebe Gott dich zu.

Die alten Weiden neigen
Sich auf dein Bett herein,
Die Vöglein in den Zweigen
Sie singen treu dich ein.

Und wie in goldnen Träumen
Geht linder Frühlingswind
Rings in den stillen Bäumen –
Schlaf wohl, mein süßes Kind!

Mein liebes Kind

Mein liebes Kind, Ade!
Ich konnt' Ade nicht sagen
Als sie dich fortgetragen,
Vor tiefem, tiefem Weh.

Jetzt auf lichtgrünem Plan
Stehst du im Myrtenkranze
Und lächelst aus dem Glanze
Mich still voll Mitleid an.

Und Jahre nah'n und geh'n,
Wie bald bin ich verstoben –
O bitt' für mich da droben,
Daß wir uns wiederseh'n!

ANGEDENKEN

Berg' und Täler wieder fingen
Ringsumher zu blühen an,
Aus dem Walde hört' ich singen
Einen lust'gen Jägersmann.

Und die Tränen drangen leise:
So einst blüht' es weit und breit,
Als mein Lieb dieselbe Weise
Mich gelehrt vor langer Zeit.

Ach ein solches Angedenken,
'S ist nur eitel Klang und Luft,
Und kann schimmernd doch versenken
Rings in Tränen Tal und Kluft!

STERBEGLOCKEN

Nun legen sich die Wogen,
Und die Gewitter schwül'
Sind all' hinabgezogen,
Mir wird das Herz so kühl.

Die Täler alle dunkeln,
Ist denn das Morgenzeit?
Wie schön die Gipfel funkeln,
Und Glocken hör' ich weit.

So hell noch niemals klangen
Sie über'n Waldes-Saum –
Wo war ich denn so lange?
Das war ein schwerer Traum.

Es wandelt, was wir schauen

Es wandelt, was wir schauen,
Tag sinkt in's Abendrot,
Die Lust hat eig'nes Grauen,
Und alles hat den Tod.

In's Leben schleicht das Leiden
Sich heimlich wie ein Dieb,
Wir alle müssen scheiden
Von allem, was uns lieb.

Was gäb' es doch auf Erden,
Wer hielt' den Jammer aus,
Wer möcht' geboren werden,
Hielt'st Du nicht droben Haus!

Du bist's, der, was wir bauen,
Mild über uns zerbricht,
Daß wir den Himmel schauen –
Darum so klag' ich nicht.

WINTERLIED

Mir träumt', ich ruhte wieder
Vor meines Vaters Haus
Und schaute fröhlich nieder
In's alte Tal hinaus,
Die Luft mit lindem Spielen
Ging durch das Frühlingslaub,
Und Blüten-Flocken fielen
Mir über Brust und Haupt.

Als ich erwacht, da schimmert
Der Mond vom Waldesrand,
Im falben Scheine flimmert
Um mich ein fremdes Land,
Und wie ich ringsher sehe:
Die Flocken waren Eis,
Die Gegend war vom Schneee,
Mein Haar vom Alter weiß.

GUTER RAT

Springer, der in luft'gem Schreiten
Über die gemeine Welt,
Kokettieret mit den Leuten,
Sicherlich vom Seile fällt.

Schiffer, der nach jedem Winde,
Blas' er witzig oder dumm,
Seine Segel stellt geschwinde,
Kommt im Wasser schmählich um.

Weisen Sterne doch die Richtung,
Hörst du Nachts doch fernen Klang,
Dorthin liegt das Land der Dichtung,
Fahre zu und frag' nicht lang.

HEIMKEHR

Der Wintermorgen glänzt so klar,
Ein Wandrer kommt von ferne,
Ihn schüttelt Frost, es starrt sein Haar,
Ihm log die schöne Ferne,
Nun endlich will er rasten hier,
Er klopft an seines Vaters Tür.

Doch tot sind, die sonst aufgetan,
Verwandelt Hof und Habe,
Und fremde Leute sehn ihn an
Als käm' er aus dem Grabe;
Ihn schauert tief im Herzensgrund,
Ins Feld eilt er zur selben Stund.

Da sang kein Vöglein weit und breit
Er lehnt' an einem Baume,
Der schöne Garten lag verschneit,
Es war ihm wie im Traume,
Und wie die Morgenglocke klingt,
Im stillen Feld er niedersinkt.

Und als er aufsteht vom Gebet,
Nicht weiß wohin sich wenden,
Ein schöner Jungling bei ihm steht,
Faßt mild ihn bei den Händen:
„Komm' mit, sollst ruhn nach kurzem Gang." –
Er folgt, ihn rührt der Stimme Klang.

Nun durch die Bergeseinsamkeit
Sie wie zum Himmel steigen,
Kein Glockenklang mehr reicht so weit,
Sie sehn im öden Schweigen
Die Länder hinter sich verblühn,
Schon Sterne durch die Wipfel glühn.

Der Führer jetzt die Fackel sacht
Erhebt und schweigend schreitet,
Bei ihrem Schein die stille Nacht
Gleichwie ein Dom sich weitet,
Wo unsichtbare Hände baun –
Den Wandrer faßt ein heimlich Graun.

Er sprach: was bringt der Wind herauf
So fremden Laut getragen,
Als hört' ich ferner Ströme Lauf,
Dazwischen Glocken schlagen?
„Das ist des Nachtgesanges Wehn,
Sie loben Gott in stillen Höh'n."

Der Wandrer drauf: ich kann nicht mehr –
Ist's Morgen, der so blendet?
Was leuchten dort für Länder her? –
Sein Freund die Fackel wendet:
„Nun ruh zum letztenmale aus,
Wenn du erwachst, sind wir zu Haus."

DER UNVERBESSERLICHE

Ihr habt den Vogel gefangen,
Der war so frank und frei,
Nun ist ihm's Fliegen vergangen,
Der Sommer ist lange vorbei.

Es liegen wohl Federn neben
Und unter und über mir,
Sie können mich alle nicht heben
Aus diesem Meer von Papier.

Papier! wie hör' ich dich schreien,
Da alles die Federn schwenkt
In langen, emsigen Reihen –
So wird der Staat nun gelenkt.

Mein Fenster am Pulte steht offen,
Der Sonnenschein schweift über's Dach,
Da wird so uraltes Hoffen
Und Wünschen im Herzen wach.

Die lustigen Kameraden,
Lerchen, Quellen und Wald,
Sie rauschen schon wieder und laden:
Geselle, kommst du nicht bald?

Und wie ich durch die Gardinen
Hinaussah in keckem Mut,
Da hört' ich lachen im Grünen,
Ich kannte das Stimmlein recht gut.

Und wie ich hinaustrat zur Schwelle,
Da blühten die Bäume schon all'
Und Liebchen so frühlingshelle,
Saß drunter beim Vogelschall.

Und eh' wir uns beide besannen,
Da wiehert' das Flügelroß, –
Wir flogen selbander von dannen,
Daß es unten die Schreiber verdroß.

WEGWEISER

„Jetzt mußt du rechts dich schlagen,
Schleich' dort und lausche hier,
Dann schnell drauf los im Jagen, –
So wird noch was aus dir."

Dank! Doch durch's Weltgetümmel,
Sagt mir, ihr weisen Herrn,
Wo geht der Weg zum Himmel?
Dies eine wüßt' ich gern.

DIE NACHTBLUME

Nacht ist wie ein stilles Meer,
Lust und Leid und Liebesklagen
Kommen so verworren her
In dem linden Wellenschlagen.

Wünsche wie die Wolken sind,
Schiffen durch die stillen Räume,
Wer erkennt im lauen Wind
Ob's Gedanken oder Träume? –

Schließ' ich nun auch Herz und Mund,
Die so gern den Sternen klagen:
Leise doch im Herzensgrund
Bleibt das linde Wellenschlagen.

AN MEINEN BRUDER

Gedenkst Du noch des Gartens
Und Schlosses über'm Wald,
Des träumenden Erwartens:
Ob's denn nicht Frühling bald?

145

Der Spielmann war gekommen,
Der jeden Lenz singt aus,
Er hat uns mitgenommen
In's blüh'nde Land hinaus.

Wie sind wir doch im Wandern
Seitdem so weit zerstreut!
Frägt einer nach dem andern,
Doch niemand gibt Bescheid.

Nun steht das Schloß versunken
Im Abendrote tief,
Als ob dort traumestrunken
Der alte Spielmann schlief'.

Gestorben sind die Lieben,
Das ist schon lange her,
Die Wen'gen, die geblieben,
Sie kennen uns nicht mehr.

Und fremde Leute gehen
Im Garten vor dem Haus –
Doch über'n Garten sehen
Nach *uns* die Wipfel aus.

Doch rauscht der Wald im Grunde
Fort durch die Einsamkeit
Und gibt noch immer Kunde
Von unsrer Jugendzeit.

Bald mächt'ger und bald leise
In jeder guten Stund'
Geht diese Waldes-Weise
Mir durch der Seele Grund.

Und stamml' ich auch nur bange,
Ich sing' es, weil ich muß,
Du hörst doch in dem Klange
Den alten Heimatsgruß!

DER LETZTE GRUSS

Ich kam vom Walde hernieder,
Da stand noch das alte Haus,
Mein Liebchen sie schaute wieder
Wie sonst zum Fenster hinaus.

Sie hat einen andern genommen,
Ich war draußen in Schlacht und Sieg,
Nun ist alles anders gekommen,
Ich wollt', 's wär wieder erst Krieg!

Am Wege dort spielte ihr Kindlein,
Das glich ihr recht auf ein Haar,
Ich küßt's auf sein rotes Mündlein:
„Gott segne dich immerdar!"

Sie aber schaute erschrocken
Noch lange Zeit nach mir hin,
Und schüttelte sinnend die Locken
Und wußte nicht wer ich bin. –

Da droben hoch stand ich am Baume,
Da rauschen die Wälder so sacht,
Mein Waldhorn das klang wie im Traume
Hinüber die ganze Nacht.

Und als die Vögelein sangen
Frühmorgens, sie weinte so sehr,
Ich aber war weit schon gegangen,
Nun sieht sie mich nimmermehr!

VOM BERGE

Da unten wohnte sonst mein Lieb,
Die ist jetzt schon begraben,
Der Baum noch vor der Türe blieb,
Wo wir gesessen haben.

Stets muß ich nach dem Hause sehn
Und seh doch nichts vor Weinen,
Und wollt' ich auch hinuntergehn,
Ich stürb' dort so alleine!

DER SCHATZGRÄBER

Wenn alle Wälder schliefen,
Er an zu graben hub,
Rastlos in Berges Tiefen
Nach einem Schatz er grub.

Die Engel Gottes sangen
Derweil in stiller Nacht,
Wie rote Augen drangen
Metalle aus dem Schacht.

„Und wirst doch mein!" und grimmer
Wühlt er und wühlt hinab,
Da stürzen Steine und Trümmer
Über dem Narren herab.

Hohnlachen wild erschallte
Aus der verfallnen Kluft,
Der Engelsang verhallte
Wehmütig in der Luft.

MORGENGEBET

O wunderbares, tiefes Schweigen,
Wie einsam ist's noch auf der Welt!
Die Wälder nur sich leise neigen,
Als ging' der Herr durch's stille Feld.

Ich fühl' mich recht wie neu geschaffen,
Wo ist die Sorge nun und Not?
Was mich noch gestern wollt' erschlaffen,
Ich schäm' mich des im Morgenrot.

Die Welt mit ihrem Gram und Glücke
Will ich, ein Pilger frohbereit,
Betreten nur wie eine Brücke
Zu dir, Herr, über'n Strom der Zeit.

Und buhlt mein Lied, auf Weltgunst lauernd,
Um schnöden Sold der Eitelkeit:
Zerschlag' mein Saitenspiel! und schauernd
Schweig' ich vor dir in Ewigkeit.

LOCKUNG

Hörst du nicht die Bäume rauschen
Draußen durch die stille Rund'?
Lockt's dich nicht hinabzulauschen
Von dem Söller in den Grund,
Wo die vielen Bäche gehen
Wunderbar im Mondenschein
Und die stillen Schlösser sehen
In den Fluß vom hohen Stein.

Kennst du noch die irren Lieder
Aus der alten schönen Zeit?
Sie erwachen alle wieder
Nachts in Waldeseinsamkeit,
Wenn die Bäume träumend lauschen
Und der Flieder duftet schwül
Und im Fluß die Nixen rauschen –
Komm herab, hier ist's so kühl.

VERLORENE LIEBE

Lieder schweigen jetzt und Klagen,
Nun will ich erst fröhlich sein,
All' mein Leid will ich zerschlagen
Und Erinnern – gebt mir Wein!
Wie er mir verlockend spiegelt
Sterne und der Erde Lust,
Stillgeschäftig dann entriegelt
All' die Teufel in der Brust,
Erst der Knecht und dann der Meister
Bricht er durch die Nacht herein,
Wildester der Lügengeister,
Ring' mit mir, ich lache dein!
Und den Becher voll Entsetzen
Werf' ich in des Stromes Grund,
Daß sich nimmer dran soll letzen
Wer noch fröhlich und gesund!

Lauten hör' ich ferne klingen,
Lust'ge Bursche zieh'n vom Schmaus,
Ständchen sie den Liebsten bringen,
Und das lockt mich mit hinaus.
Mädchen hinter'm blüh'nden Baume
Winkt und macht das Fenster auf
Und ich steige wie im Traume
Durch das kleine Haus hinauf.
Schütt'le nur die dunklen Locken
Aus dem schönen Angesicht!

Sieh, ich stehe ganz erschrocken:
Das sind *ihre* Augen licht,
Locken hatte sie wie deine,
Bleiche Wangen, Lippen rot –
Ach, du bist ja doch nicht meine,
Und *mein* Lieb ist lange tot!
Hättest du nur nicht gesprochen
Und so frech geblickt nach mir,
Das hat ganz den Traum zerbrochen
Und nun grauet mir vor dir.
Da nimm Geld, kauf Putz und Flimmern,
Fort und lache nicht so wild!
O ich möchte dich zertrümmern,
Schönes, lügenhaftes Bild!

Spät von dem verlor'nen Kinde
Kam ich durch die Nacht daher,
Fahnen drehten sich im Winde,
Alle Gassen waren leer.
Oben lag noch meine Laute
Und mein Fenster stand noch auf,
Aus dem stillen Grunde graute
Wunderbar die Stadt herauf.
Draußen aber blitzt's von weiten,
Alter Zeiten ich gedacht',
Schauernd reiß' ich in den Saiten
Und ich sing' die halbe Nacht.
Die verschlaf'nen Nachbarn sprechen,
Daß ich nächtlich trunken sei
O du mein Gott! und mir brechen
Herz und Saitenspiel entzwei!

Vor dem Schloß

Vor dem Schloß in den Bäumen es rauschend weht,
Unter den Fenstern ein Spielmann geht,
Mit irren Tönen verlockend den Sinn –
Der Spielmann aber ich selber bin.

Vorüber jag ich an manchem Schloß,
Die Locken zerwühlet, verwildert das Roß,
Du frommes Kindlein im stillen Haus,
Schau nicht nach mir zum Fenster hinaus.

Von Lüsten und Reue zerrissen die Brust,
Wie rasend in verzweifelter Lust,
Brech ich im Fluge mir Blumen zum Strauß,
Wird doch kein fröhlicher Kranz nicht daraus!

Wird aus dem Schrei doch nimmer Gesang,
Herz, o mein Herz, bist ein irrer Klang,
Den der Sturm in alle Lüfte verweht –
Lebt wohl, und fragt nicht, wohin es geht!

SEHNSUCHT

Es schienen so golden die Sterne,
Am Fenster ich einsam stand
Und hörte aus weiter Ferne
Ein Posthorn im stillen Land.
Das Herz mir im Leib entbrennte,
Da hab' ich mir heimlich gedacht:
Ach wer da mitreisen könnte
In der prächtigen Sommernacht!

Zwei junge Gesellen gingen
Vorüber am Bergeshang,
Ich hörte im Wandern sie singen
Die stille Gegend entlang:
Von schwindelnden Felsenschlüften,
Wo die Wälder rauschen so sacht,
Von Quellen, die von den Klüften
Sich stürzen in die Waldesnacht.

Sie sangen von Marmorbildern,
Von Gärten, die über'm Gestein
In dämmernden Lauben verwildern,
Palästen im Mondenschein,
Wo die Mädchen am Fenster lauschen,
Wann der Lauten Klang erwacht
Und die Brunnen verschlafen rauschen
In der prächtigen Sommernacht. –

ZUR HOCHZEIT

Was das für ein Gezwitscher ist!
Durch's Blau die Schwalben zucken
Und schrei'n: „sie haben sich geküßt!"
Vom Baum Rotkehlchen gucken.

Der Storch stolziert von Bein zu Bein;
„Da muß ich fischen gehen –"
Der Abend wie im Traum darein
Schaut von den stillen Höhen.

Und wie im Traume von den Höhen
Seh' ich Nachts meiner Liebsten Haus,
Die Wolken darüber gehen
Und löschen die Sterne aus.

DER WÄCHTER

Nächtlich macht der Herr die Rund',
Sucht die Seinen unverdrossen,
Aber überall verschlossen
Trifft er Tür und Herzensgrund,
Und er wendet sich voll Trauer:
Niemand ist, der mit mir wacht. –
Nur der Wald vernimmt's mit Schauer,
Rauschet fromm die ganze Nacht.

Waldwärts durch die Einsamkeit
Hört' ich über Tal und Klüften
Glocken in den stillen Lüften,
Wie aus fernem Morgen weit –
An die Tore will ich schlagen,
An Palast und Hütten: Auf!
Flammend schon die Gipfel ragen,
Wachet auf, wacht auf, wacht auf!

DER BRAVE SCHIFFER

Der Sturm wollt' uns zerschmettern,
Was morsch war, lag zerschellt,
Es schrieb mit feur'gen Lettern
Der Herr und sprach in Wettern
Zu der erschrockenen Welt.

Durch wilder Wogen Spritzen
Vorüber manchem Riff,
Wo auf Korallen-Spitzen
Die finstern Nornen sitzen,
Flog da das Preußen-Schiff.

Das war von echtem Kerne;
Gedankenvoll die Wacht
Schaut durch die wüste Ferne
Zum königlichen Sterne,
Der leuchtet aus der Nacht.

Und, ob sie Nebel decken,
Was groß und heilig war,
Lenkten da aus den Schrecken
Gewaltig die treuen Recken –
Du mitten in dieser Schar.

Da sah man wohl den schlanken
Wald kühner Masten sich
Zum Himmel pfeilernd ranken!
Du lehntest voll Gedanken
Auf Deine Harfe Dich.

Bald mächtiger bald leise,
Mit wunderbarem Klang,
Zogst Du Gesanges-Kreise,
Daß eine tiefe Weise
Das wilde Meer bezwang.

Und Sturm und Nacht verzogen,
Schon blitzt es hier und da,
Das Land stieg aus den Wogen
Und unter dem Friedensbogen
Die alte Victoria. –

Fahr' wohl! wie Adlerschwingen
Wird in der Zeiten Schwung
Dein Ringen und Dein Singen
Durch deutsche Herzen klingen,
So bleibst Du ewig jung!

MEERESSTILLE

Ich seh' von des Schiffes Rande
Tief in die Flut hinein:
Gebirge und grüne Lande
Und Trümmer im falben Schein
Und zackige Türme im Grunde,
Wie ich's oft im Traum mir gedacht,
Das dämmert alles da unten
Als wie eine prächtige Nacht.

Seekönig auf seiner Warte
Sitzt in der Dämm'rung tief,
Als ob er mit langem Barte
Über seiner Harfe schlief';
Da kommen und gehen die Schiffe
Darüber, er merkt es kaum,
Von seinem Korallenriffe
Grüßt er sie wie im Traum.

SEEMANN'S ABSCHIED

Ade, mein Schatz, du mocht'st mich nicht,
Ich war dir zu geringe.
Einst wandelst du bei Mondenlicht
Und hörst ein süßes Klingen,
Ein Meerweib singt, die Nacht ist lau,
Die stillen Wolken wandern,
Da denk' an mich, 's ist meine Frau,

Nun such dir einen andern!

Ade, ihr Landsknecht', Musketier'!
Wir ziehn auf wildem Rosse,
Das bäumt und überschlägt sich schier
Vor manchem Felsenschlosse,
Der Wassermann bei Blitzesschein
Taucht auf in dunklen Nächten,
Der Haifisch schnappt, die Möwen schrein –
Das ist ein lust'ges Fechten!

Streckt nur auf eurer Bärenhaut
Daheim die faulen Glieder,
Gott Vater aus dem Fenster schaut,
Schickt seine Sündflut wieder,
Feldwebel, Reiter, Musketier
Sie müssen all' ersaufen,
Derweil mit frischem Winde wir
Im Paradies einlaufen.

DER EINSIEDLER

Komm' Trost der Welt, du stille Nacht!
Wie steigst du von den Bergen sacht,
Die Lüfte alle schlafen,
Ein Schiffer nur noch, wandermüd,
Singt über's Meer sein Abendlied
Zu Gottes Lob im Hafen.

Die Jahre wie die Wolken gehn
Und lassen mich hier einsam stehn,
Die Welt hat mich vergessen,
Da tratst du wunderbar zu mir,
Wenn ich beim Waldesrauschen hier
Gedankenvoll gesessen.

O Trost der Welt, du stille Nacht!
Der Tag hat mich so müd gemacht,
Das weite Meer schon dunkelt,
Laß' ausruhn mich von Lust und Not,
Bis daß das ew'ge Morgenrot
Den stillen Wald durchfunkelt.

MONDNACHT

Es war, als hätt' der Himmel
Die Erde still geküßt,
Daß sie im Blüten-Schimmer
Von ihm nun träumen müßt'.

Die Luft ging durch die Felder,
Die Ähren wogten sacht,
Es rauschten leis die Wälder,
So sternklar war die Nacht.

Und meine Seele spannte
Weit ihre Flügel aus,
Flog durch die stillen Lande,
Als flöge sie nach Haus.

ENTSCHLUSS

Noch schien der Lenz nicht gekommen,
Es lag noch so stumm die Welt,
Da hab' den Stab ich genommen,
Zu pilgern in's weite Feld.

Und will auch kein' Lerch sich schwingen,
Du breite die Flügel, mein Herz,
Laß hell und fröhlich uns singen
Zum Himmel aus allem Schmerz!

Da schauen im Tale erschrocken
Die Wand'rer rings in die Luft,
Mein Liebchen schüttelt die Locken,
Sie weiß es wohl, wer sie ruft.

Und wie sie noch stehn und lauschen,
Da blitzt es schon fern und nah,
All' Wälder und Quellen rauschen,
Und Frühling ist wieder da!

NACHHALL

Schon kehren die Vögel wieder ein,
Es schallen die alten Lieder,
Ach, die fröhliche Jugend mein
Kommt sie wohl auch noch wieder? –

Ich weiß nicht was ich so töricht bin!
Wolken im Herbstwind jagen,
Die Vögel ziehn über die Wälder hin,
Das klang wie in Frühlingstagen.

Dort auf dem Berge da steht ein Baum,
Drin jubeln die Wander-Gäste,
Er aber, müde, rührt wie im Traum
Noch einmal Wipfel und Äste.

FRISCHAUF!

Ich saß am Schreibtisch bleich und krumm,
Es war mir in meinem Kopf ganz dumm
Vor Dichten, wie ich alle die Sachen
Sollte auf's allerbeste machen.
Da guckt am Fenster im Morgenlicht
Durch's Weinlaub ein wunderschönes Gesicht,
Guckt und lacht, kommt ganz herein
Und kramt mir unter den Blättern mein.
Ich, ganz verwundert: „Ich sollt' dich kennen" –
Sie aber, statt ihren Namen zu nennen:
„Pfui in dem Schlafrock, siehst ja aus
Wie ein verfallenes Schilderhaus!
Willst du denn hier in der Tinte sitzen,
Schau, wie die Felder da draußen blitzen!"
So drängt sie mich fort unter Lachen und Streit,
Mir tat's um die schöne Zeit nur Leid.
Drunten aber unter den Bäumen
Stand ein Roß mit funkelnden Zäumen.
Sie schwang sich lustig mit mir hinauf,
Die Sonne draußen ging eben auf,
Und eh' ich mich konnte bedenken und fassen,
Ritten wir rasch durch die stillen Gassen,
Und als wir kamen vor die Stadt,
Das Roß aufeinmal zwei Flügel hatt',
Mir schauerte es recht durch alle Glieder:

„Mein Gott, ist's denn schon Frühling wieder?" –
Sie aber wies mir, wie wir so zogen,
Die Länder, die unten vorüberflogen,
Und hoch über dem allerschönsten Wald
Machte sie lächelnd aufeinmal Halt.
Da sah ich erschrocken zwischen den Bäumen
Meine Heimat unten wie in Träumen,
Das Schloß, den Garten und die stille Luft,
Die blauen Berge dahinter im Duft
Und alle die schöne alte Zeit
In der wundersamen Einsamkeit.
Und als ich mich wandte, war ich allein,
Das Roß nur wiehert' in den Morgen hinein,
Mir aber war's, als wär' ich wieder jung,
Und wußte der Lieder noch genung!

DAS LIED

Halb Worte sind's, halb Melodie,
Was mir durchs Herze zieht,
Weiß nicht, woher, wozu und wie,
Mit *einem* Wort: ein Lied.

Der Lenz rauscht durch die offne Tür,
Da hab ich's mir erdacht,
Ich sel'ger Mensch kann nichts dafür,
Gott hat's so schön gemacht!

DIE BLAUE BLUME

Ich suche die blaue Blume,
Ich suche und finde sie nie,
Mir träumt, daß in der Blume
Mein gutes Glück mir blüh'.

Ich wand're mit meiner Harfe
Durch Länder, Städt' und Au'n,
Ob nirgends in der Runde
Die blaue Blume zu schau'n.

Ich wand're schon seit lange
Hab' lang' gehofft, vertraut,
Doch ach, noch nirgends hab' ich
Die blaue Blum' geschaut.

DER BOTE

Am Himmelsgrund schießen
So lustig die Stern',
Dein Schatz läßt Dich grüßen
Aus weiter, weiter Fern!

Hat eine Zitter gehangen
An der Tür unbeacht',
Der Wind ist gegangen
Durch die Saiten bei Nacht.

Schwang sich auf dann vom Gitter
Über die Berge, über'n Wald –
Mein Herz ist die Zitter,
Gibt ein'n fröhlichen Schall.

Wär's dunkel

Wär's dunkel, ich läg' im Walde,
Im Walde rauscht's so sacht,
Mit ihrem Sternenmantel
Bedecket mich da die Nacht,
Da kommen die Bächlein gegangen:
Ob ich schon schlafen tu'?
Ich schlaf' nicht, ich hör' noch lange
Den Nachtigallen zu,

Wenn die Wipfel über mir schwanken,
Es klinget die ganze Nacht,
Das sind im Herzen die Gedanken,
Die singen, wenn niemand wacht.

DER WINZER

Es hat die Nacht geregnet,
   Es zog noch grau in's Tal,
Und ruhten stillgesegnet
   Die Felder überall;
Von Lüften kaum gefächelt
   Durch's ungewisse Blau
Die Sonne verschlafen lächelt
   Wie eine wunderschöne Frau.

Nun sah ich auch sich heben
   Aus Nebeln unser Haus,
Du dehntest zwischen den Reben
   Dich von der Schwelle hinaus,
Da funkelt' auf einmal vor Wonne
   Der Strom und Wald und Au –
Du bist mein Morgen, meine Sonne,
   Meine liebe verschlafene Frau!

HERBSTLIED

Lust'ge Vögel in dem Wald,
   Singt, so lang es grün,
Ach, wer weiß, wie bald, wie bald
   Alles muß verblüh'n!

Sah ich's doch von Bergen einst
   Glänzen überall,
Wußte kaum, warum du weinst,
   Fromme Nachtigall.

Und kaum ging ich über Land
   Frisch durch Lust und Not,
Wandelt' alles, und ich stand
   Müd im Abendrot.

Und die Lüfte wehen kalt
   Über's falbe Grün,
Vöglein, euer Abschied hallt –
   Könnt' ich mit euch zieh'n!

DER VERZÜCKTE

Bist du manchmal auch verstimmt,
   Drück' dich zärtlich an mein Herze,
Daß mir's fast den Atem nimmt,
   Streich' und kneif' in süßem Scherze,
Wie ein rechter Liebestor
   Lehn' ich sanft an dich die Wange,
Und du singst mir fein in's Ohr.
   Wohl im Hofe bei dem Klange
Katze miaut, Hund heult und bellt,
   Nachbar schimpft mit wilder Miene –
Doch was kümmert uns die Welt,
   Süße, traute Violine!

GOTTES-SEGEN

Das Kind ruht aus vom Spielen,
Am Fenster rauscht die Nacht,
Die Engel Gott's im Kühlen
Getreulich halten Wacht.

Am Bettlein still sie stehen,
Der Morgen graut noch kaum,
Sie küssen's, eh' sie gehen,
Das Kindlein lacht im Traum.

WELTLAUF

Was du gestern frisch gesungen,
Ist doch heute schon verklungen
Und bei'm letzten Klange schreit
Alle Welt nach Neuigkeit.

War ein Held, der legt' verwegen
Einstmals seinen blut'gen Degen
Als wie Gottes schwere Hand
Über das erschrockne Land.

Mußt's doch blühn und rauschen lassen
Und den toten Löwen fassen
Knaben nun nach Jungen-Art
Ungestraft an Mähn' und Bart.

So viel Gipfel als da funkeln
Sah'n wir abendlich verdunkeln,
Und es hat die alte Nacht
Alles wieder gleich gemacht.

Wie im Turm der Uhr Gewichte
Rucket fort die Weltgeschichte,
Und der Zeiger schweigend kreist,
Keiner rät, wohin er weist.

Aber wenn die eh'rnen Zungen
Nun zum letztenmal erklungen,
Auf den Turm der Herr sich stellt,
Um zu richten diese Welt.

Und der Herr hat nichts vergessen,
Was geschehen wird er messen
Nach dem Maß der Ewigkeit –
O wie klein ist doch die Zeit!

TROST

Es haben viel' Dichter gesungen
Im schönen deutschen Land,
Nun sind ihre Lieder verklungen,
Die Sänger ruhen im Sand.

Aber so lange noch kreisen
Die Stern' und die Erde rund,
Tun Herzen in neuen Weisen
Die alte Schönheit kund.

Im Walde da liegt verfallen
Der alten Helden Haus,
Doch aus den Toren und Hallen
Bricht jährlich der Frühling aus.

Und wo immer müde Fechter
Sinken im mutigen Strauß,
Es kommen frische Geschlechter
Und fechten es endlich aus.

UMKEHR

Leben kann man nicht von Tönen,
    Poesie geht ohne Schuh,
Und so wandt' ich denn der Schönen
    Endlich auch den Rücken zu.
Lange durch die Welt getrieben
    Hat mich nun die irre Hast,
Immer doch bin ich geblieben
    Nur ein ungeschickter Gast.
Überall zu spät zum Schmause
    Kam ich, wenn die andern voll,
Trank die Neigen vor dem Hause,
    Wußt' nicht wem ich's trinken soll.
Mußt' mich vor Fortuna bücken
    Ehrfurchtsvoll bis auf die Zeh'n,

Vornehm wandt' sie mir den Rücken,
    Ließ mich so gebogen steh'n.
Und als ich mich aufgerichtet
    Wieder frisch und frei und stolz,
Sah ich Berg und Tal gelichtet,
    Blühen jedes dürre Holz.
Welt hat eine plumpe Pfote –
    Wandern kann man ohne Schuh –
Deck' mit Deinem Morgenrote
    Wieder nur den Wandrer zu.

ENTGEGNUNG

„Sei antik doch, sei teutonisch,
    Lern', skandiere unverdrossen,
Freundchen, aber nur ironisch!
    Und vor allem laß die Possen,
Die man sonst genannt: romantisch!"
    Also hört man's ringsher schallen,
Aber mich bedünkt: pedantisch
    Sei das Schlimmste doch von allen.

Wem der Herr den Kranz gewunden,
    Wird nach alle dem nicht fragen,
Sondern muß, wie er's befunden,
    Auf die eig'ne Weise sagen,
Stets auf's neu mit freud'gem Schrecken,
    Ist sie auch die alte blieben,
Sich die schöne Welt entdecken,
    Ewig jung ist, was wir lieben.

Oft durch des Theaters Ritzen
    Bricht's mit wunderbarem Lichte,
Wenn der Herr in feur'gen Blitzen
    Dichtend schreibt die Weltgeschichte,

Und das ist der Klang der Wehmut,
  Der durch alle Dichtergeister
Schauernd geht, wenn sie in Demut
  Über sich erkannt den Meister.

Ich reise über's grüne Land

Ich reise über's grüne Land,
Der Winter ist vergangen,
Hab' um den Hals ein gülden Band,
Daran die Laute hangen.

Der Morgen tut ein'n roten Schein,
Den recht mein Herze spüret,
Da greif ich in die Saiten ein,
Der liebe Gott mich führet.

So silbern geht der Ströme Lauf,
Fernüber schallt Geläute,
Die Seele ruft in sich: Glück auf!
Rings grüßen frohe Leute.

Mein Herz ist recht von Diamant,
Ein Blum' von Edelsteinen,
Die funkelt lustig über's Land
In tausend schönen Scheinen.

Vom Schlosse in die weite Welt
Schaut eine Jungfrau runter,
Der Liebste sie im Arme hält,
Die seh'n nach mir herunter.

Wie bist du schön! – Hinaus, im Wald
Gehn Wasser auf und unter,
Im grünen Wald sing' daß es schallt,
Mein Herz, bleib' frei und munter!

Die Sonne uns im Dunklen läßt,
Im Meere sich zu spülen,
Da ruh' ich aus vom Tages-Fest
Fromm in der roten Kühle.

Hoch führet durch die stille Nacht
Der Mond die goldnen Schafe,
Den Kreis der Erden Gott bewacht,
Wo ich tief unten schlafe.

Wie liegt all' falsche Pracht so weit!
Schlaf wohl auf stiller Erde,
Gott schütz' dein Herz in Ewigkeit,
Daß es nie traurig werde!

DIE SPIELLEUTE

Frühmorgens durch die Klüfte
Wir blasen Victoria!
Eine Lerche fährt in die Lüfte:
„Die Spielleut' sind schon da!"
Da dehnt ein Turm und reckt sich
Verschlafen im Morgengrau,
Wie aus dem Traume streckt sich
Der Strom durch die stille Au,
Und ihre Äuglein balde
Tun auf die Bächlein all',
Im Wald, im grünen Walde
Das ist ein lust'ger Schall!

Das ist ein lust'ges Reisen,
Der Eichbaum kühl und frisch
Mit Schatten, wo wir speisen,
Deckt uns den grünen Tisch.
Zum Frühstück musizieren
Die muntern Vögelein,
Der Wald, wenn sie pausieren,
Stimmt wunderbar mit ein,

Die Wipfel tut er neigen,
Als gesegnet' er uns das Mahl,
Und zeigt uns zwischen den Zweigen
Tief unten das weite Tal.

Tief unten da ist ein Garten,
Da wohnt eine schöne Frau,
Wir können nicht lange warten,
Durch's Gittertor wir schau'n,
Wo die weißen Statuen stehen,
Da ist's so still und kühl,
Die Wasserkünste gehen,
Der Flieder duftet schwül.
Wir ziehn vorbei und singen
In der stillen Morgenzeit,
Sie hört's im Traume klingen,
Wir aber sind schon weit.

ABSCHIED

O Täler weit, o Höhen,
O schöner grüner Wald,
Du meiner Lust und Wehen
Andächt'ger Aufenthalt!
Da draußen, stets betrogen,
Saus't die geschäft'ge Welt,
Schlag' noch einmal die Bogen
Um mich, du grünes Zelt!

Wenn es beginnt zu tagen,
Die Erde dampft und blinkt,
Die Vögel lustig schlagen,
Daß dir dein Herz erklingt:
Da mag vergehn, verwehen
Das trübe Erdenleid,
Da sollst du auferstehen,
In junger Herrlichkeit!

Da steht im Wald geschrieben,
Ein stilles, ernstes Wort
Von rechtem Tun und Lieben,
Und was des Menschen Hort.
Ich habe treu gelesen
Die Worte schlicht und wahr,
Und durch mein ganzes Wesen
Ward's unaussprechlich klar.

Bald werd' ich dich verlassen,
Fremd in der Fremde geh'n,
Auf buntbewegten Gassen
Des Lebens Schauspiel sehn;
Und mitten in dem Leben
Wird deines Ernst's Gewalt
Mich Einsamen erheben,
So wird mein Herz nicht alt.

Die Lerche grüßt

Die Lerche grüßt den ersten Strahl,
Daß er die Brust ihr zünde,
Wenn träge Nacht noch überall
Durchschleicht die tiefen Gründe.

Und du willst, Menschenkind, der Zeit
Verzagend unterliegen?
Was ist dein kleines Erdenleid!
Du mußt es überfliegen!

Der Sturm geht lärmend

Der Sturm geht lärmend um das Haus,
Ich bin kein Narr, und geh' hinaus,
Aber bin ich eben draußen,
Will ich mich wacker mit ihm zausen.

*

AM MEER

Ewig muntres Spiel der Wogen!
  Viele hast du schon belogen,
Mancher kehrt nicht mehr zurück.
  Und doch weckt das Wellenschlagen
Immer wieder frisches Wagen,
  Falsch und lustig, wie das Glück.

Der Wandrer, von der Heimat weit

Der Wandrer, von der Heimat weit,
Wenn rings die Gründe schweigen,
Der Schiffer in Meeres Einsamkeit,
Wenn die Stern' aus den Fluten steigen:

Die beide schauern und lesen
In stiller Nacht
Was sie nicht gedacht,
Da es noch fröhlicher Tag gewesen

Wenn die Klänge nah'n und fliehen

Wenn die Klänge nah'n und fliehen,
* In den Wogen süßer Lust,*
Ach! nach tiefern Melodieen
* Sehnt sich einsam oft die Brust.*

Wenn auf Bergen blüht die Frühe,
Wieder buntbewegt die Straßen,
Freut sich alles, wie es glühe,
Himmelwärts die Erde blühe:
Einer doch muß tief erblassen,
Goldne Träume, Sternenlust
Wollten ewig ihn nicht lassen –
Sehnt sich einsam nun die Brust.

Und aus solcher Schmerzen Schwellen,
Was so lange dürstend rang,
Will an's Licht nun rastlos quellen,
Stürzend mit den Wasserfällen,
Himmelstäubend, jubelnd, bang,
Nach der Ferne sanft zu ziehen,
Wo so himmlisch Rufen sang,
Ach! nach tiefern Melodieen.

Blüten licht' nun Blüten drängen,
Daß er möcht' vor Glanz erblinden;
In den dunklen Zaubergängen,
Von den eigenen Gesängen
Hold gelockt, kann er nicht finden
Aus dem Labyrinth der Brust.
Alles, alles will's verkünden
In den Wogen süßer Lust.

Doch durch dieses Rauschen wieder
Hört er heimlich Stimmen ziehen,
Wie ein Fall verlorner Lieder
Und er schaut betroffen nieder:
„Wenn die Klänge nah'n und fliehen
In den Wogen süßer Lust,
Ach! nach tiefern Melodieen
Sehnt sich einsam oft die Brust!"

Ein Wunderland

Ein Wunderland ist oben aufgeschlagen,
Wo gold'ne Ströme geh'n und dunkel schallen,
Gesänge durch das Rauschen tief verhallen,
Die möchten gern ein hohes Wort dir sagen.

Viel goldne Brücken sind dort kühn geschlagen,
Darüber alte Brüder sinnend wallen –
Wenn Töne wie im Frühlingsregen fallen,
Befreite Sehnsucht will dorthin dich tragen.

   Wie bald läg' unten alles Bange, Trübe,
Du strebtest lauschend, blicktest nicht mehr nieder,
Und höher winket stets der Brüder Liebe:

Wen einmal so berührt die heil'gen Lieder,
Sein Leben taucht in die Musik der Sterne,
Ein ewig Zieh'n in wunderbare Ferne!

Wer einmal tief

Wer einmal tief und durstig hat getrunken,
Den zieht zu sich hinab die Wunderquelle,
Daß er melodisch mit zieht, selbst als Welle,
Auf der die Welt sich bricht in tausend Funken.

Es wächst sehnsüchtig, stürzt und leuchtet trunken
Jauchzend im Innersten die heil'ge Quelle,
Bald Bahn sich brechend durch die Kluft zur Helle,
Bald kühle rauschend dann in Nacht versunken.

So lass' es ungeduldig brausen, drängen!
Hoch schwebt der Dichter drauf in goldnem Nachen,
Sich selber heilig opfernd in Gesängen.

Die alten Felsen spalten sich mit Krachen,
Von drüben grüßen schon verwandte Lieder,
Zum ew'gen Meere führt Er alle wieder.

RETTUNG

Ich spielt', ein frohes Kind, im Morgenscheine,
Der Frühling schlug die Augen auf so helle,
Hinunter reisten Ström' und Wolken schnelle,
Ich streckt' die Arme nach in's Blaue, Reine.

Noch wußt' ich's selbst nicht, was das alles meine:
Die Lerch', der Wald, der Lüfte blaue Welle,
Und träumend stand ich an des Frühlings Schwelle,
Von fern rief's immer fort: Ich bin die Deine!

Da kam ein alter Mann gegangen
Mit hohlen Augen und bleichen Wangen,
Er schlich gebogen und schien so krank;
Ich grüßt' ihn schön, doch für den Dank
Faßt' er mich tückisch schnell von hinten,
Schlang um die Arme mir dreifache Binden,
Und wie ich rang und um Hülfe rief,
Geschwind noch ein andrer zum Alten lief,
Und von allen Seiten kamen Menschen gelaufen,
Ein dunkelverworr'ner, trübseliger Haufen.
Die drängten mich gar tückisch in ihre Mitte,
Führten durch's Land mich mit eiligem Schritte.
Wie wandt' ich sehnend mich oft zurücke!
Die Heimat schickte mir Abschiedsblicke;
Die Büsche langten nach mir mit grünen Armen,
Es schrie'n alle Vöglein recht zum Erbarmen.
Doch die Alten hörten nicht die fernen Lieder,
Sumsten düstere Worte nur hin und wider,
Führten mich endlich in ein altes Haus,
Da wogt' es unten in Nacht und Graus,
Da war ein Hämmern, ein Schachern und Rumoren,
Als hätte das Chaos noch nicht ausgegoren.
Hier hielt der Alte würdig und breit:
Mein Sohn, sprach er zu mir, das ist die Nützlichkeit!
Die haben wir so zum gemeinen Besten erfunden.
Das betrachte hübsch fleißig und sei gescheut. –
So ließen sie mich Armen allein und gebunden.

Da schaut' ich weinend aus meinem Kerker
Hinaus in das Leben durch düstern Erker,
Und unten sah ich den Lenz sich breiten,
Blühende Träume über die Berge schreiten,
Drüber die blauen unendlichen Weiten.

Durch's farbige Land auf blauen Flüssen
Zogen bunte Schifflein, die wollten mich grüßen.
Vorüber kamen die Wolken gezogen,
Vorüber singende Vöglein geflogen;
Es wollt' der große Zug mich mit fassen,
Ach! Menschen, wann werd't ihr mich wieder hinunter lassen!

Und im dunkelgrünen Walde munter
Schallte die Jagd hinauf und hinunter,
Eine Jungfrau zu Roß und blitzende Reiter –
Über die Berge immer weiter und weiter
Rief Waldhorn immer fort dazwischen:
Mir nach in den Wald, den frischen!

Ach! weiß denn niemand, niemand um mein Trauern?
Wie alle Fernen mir prophetisch singen
Von meinem künft'gen wundervollen Leben!

Von innen fühlt' ich blaue Schwingen ringen,
Die Hände konnt' ich innigst betend heben –
Da sprengt' ein großer Klang so Band wie Mauern.

Da ward ich im innersten Herzen so munter,
Schwindelten alle Sinne in den Lenz hinunter,
Weit waren kleinliche Mühen und Sorgen,
Ich sprang hinaus in den farbigen Morgen.

DAS BILDERBUCH

Von der Poesie sucht Kunde
Mancher im gelehrten Buch,
Nur des Lebens schöne Runde
Lehret Dich den Zauberspruch,
Doch in stillgeweihter Stunde
Will das Buch erschlossen sein;
Und so blick' ich heut hinein,
Wie ein Kind im Frühlingswetter

Fröhlich Bilderbücher blättert,
Und es schweift der Sonnenschein
Auf den buntgemalten Lettern,
Und gelinde weht der Wind
Durch die Blumen, durch das Herz
Alte Freuden, alten Schmerz –
Weinen möcht' ich, wie ein Kind!

DIE WERBER

„O Frühling, wie bist du helle!
Ade nun Hof und Haus!"
Und jubelnd auf den Schwellen
Mit fröhlichen Gesellen
Wandert der Dichter aus.

Doch ihre Lieder wecken
Rings leises Zischeln bald,
Kobold' aus allen Hecken
Erweisen sich mit Necken
Gar wunderbar im Wald.

Zu Roß, so schön und wüste,
Ein hohes Weib fliegt her,
Behelmt, entblößt die Brüste,
Ihr Aug' weckt wild Gelüste,
Sie heißt Soldaten-Ehr.

Ihr nach aus Felsenritzen
Schau'n graue Wichte klein,
Verstreu'n von ihren Mützen
Dukaten rings, die blitzen
Blutrot in's Land herein.

Der Schlauste gar durch's Blaue
Als Flügel-Bübchen schwirrt,
Führt über Berg' und Aue
Daher die schönste Fraue –
Die macht erst all' verwirrt.

Und der Dichter in dem Toben
Steht einsam auf der Höh',
Die andern sind zerstoben,
So still nun ist's da oben,
Sein Herz tut ihm so weh.

Er hört der Quellen Gänge
Durch die Waldeinsamkeit,
Da sinnt er auf Gesänge,
Die Welt gibt volle Klänge,
Sein Herz wird ihm so weit.

Und jeden Frühling wieder
Von der schönen Jugendzeit
Singt er vom Berg hernieder,
Und Heimweh faßt die Brüder,
Die in dem Tal zerstreut.

AUFGEBOT

Waldhorn bringt Kund' getragen,
Es hab' nun aufgeschlagen
Auf Berg und Tal und Feld
Der Lenz seine bunte Zelt'!

In's Grün zieh'n Sänger, Reiter,
Ein jeglich Herz wird weiter,
Möcht' jauchzend über's Grün
Mit den Lerchen in's Blaue zieh'n.

Was stehst du so alleine,
Pilgrim, im grünen Scheine?
Lockt dich der Wunderlaut
Nicht auch zur fernen Braut?

„Ach! diese tausendfachen
Heilig verschlung'nen Sprachen
So lockend Lust wie Schmerz
Zerreißen mir das Herz.

Ein Wort will mir's verkünden,
Oft ist's, als müßt' ich's finden,
Und wieder ist's nicht so,
Und ewig frag' ich: Wo?" –

So stürz' dich einmal, Geselle,
Nur frisch in die Frühlingswelle!
Da spürst du's im Innersten gleich
Wo's rechte Himmelreich.

Und wer dann noch mag fragen:
Freudlos in blauen Tagen
Der wandern und fragen mag
Bis an den jüngsten Tag!

LIEDESMUT

Was Lorbeerkranz und Lobestand!
Es duftet still die Frühlingsnacht
Und rauscht der Wald vom Felsenrand,
Ob's jemand hört, ob niemand wacht.

Es schläft noch alles Menschenkind,
Da pfeift sein lust'ges Wanderlied
Schon über's Feld der Morgenwind
Und frägt nicht erst, wer mit ihm zieht.

178

Und ob ihr all' zu Hause saßt,
Der Frühling blüht doch, weil er muß,
Und ob ihr's les't oder bleiben laßt,
Ich singe doch aus frischer Brust.

ELDORADO

Es ist von Klang und Düften
Ein wunderbarer Ort,
Umrankt von stillen Klüften,
Wir alle spielten dort.

Wir alle sind verirret,
Seitdem so weit hinaus,
Unkraut die Welt verwirret,
Find't keiner mehr nach Haus.

Doch manchmal taucht's aus Träumen,
Als läg' es weit im Meer,
Und früh noch in den Bäumen
Rauscht's wie ein Grüßen her.

Ich hört' den Gruß verfliegen,
Ich folgt' ihm über Land,
Und hatte mich verstiegen
Auf hoher Felsenwand.

Mein Herz ward mir so munter,
Weit hinten alle Not,
Als ginge jenseits unter
Die Welt in Morgenrot.

Der Wind spielt' in den Locken,
Da blitzt' es drunten weit,
Und ich erkannt' erschrocken
Die alte Einsamkeit

Nun jeden Morgenschimmer
Steig' ich in's Blütenmeer,
Bis ich Glücksel'ger nimmer
Von dorten wiederkehr'.

IM HERBST

Der Wald wird falb, die Blätter fallen,
Wie öd' und still der Raum!
Die Bächlein nur geh'n durch die Buchenhallen
Lindrauschend wie im Traum,
Und Abendglocken schallen
Fern von des Waldes Saum.

Was wollt ihr mich so wild verlocken
In dieser Einsamkeit?
Wie in der Heimat klingen diese Glocken
Aus stiller Kinderzeit
Ich wende mich erschrocken,
Ach, was mich liebt, ist weit!

So brecht hervor nur, alte Lieder.
Und brecht das Herz mir ab!
Noch einmal grüß' ich aus der Ferne wieder
Was ich nur Liebes hab',
Mich aber zieht es nieder
Vor Wehmut wie in's Grab.

ANKLÄNGE

I.

Liebe, wunderschönes Leben,
Willst du wieder mich verführen
Soll ich wieder Abschied geben
Fleißig ruhigem Studieren?

Offen stehen Fenster, Türen,
Draußen Frühlingsboten schweben,
Lerchen schwirrend sich erheben,
Echo will im Wald sich rühren.

Wohl da hilft kein Widerstreben,
Tief im Herzen muß ich's spüren:
Liebe, wunderschönes Leben,
Wieder wirst du mich verführen!

II.

Hoch über stillen Höhen,
Stand in dem Wald ein Haus,
So einsam war's zu sehen
Dort über'n Wald hinaus.

Ein Mädchen saß darinnen
Bei stiller Abendzeit,
Tät seiden Fäden spinnen
Zu ihrem Hochzeitskleid.

III.

Jagdlied

Durch schwankende Wipfel
Schießt güldener Strahl,
Tief unter den Gipfeln
Das neblichte Tal.
Fern hallt es am Schlosse,
Das Waldhorn ruft,
Es wiehern die Rosse,
In die Luft, in die Luft!

    Bald Länder und Seen
Durch Wolkenzug
Tief schimmernd zu sehen
In schwindelndem Flug,
Bald Dunkel wieder
Hüllt Reiter und Roß,
O Lieb' o Liebe
So laß' mich los! –

Immer weiter und weiter
Die Klänge zieh'n,
Durch Wälder und Heiden
Wohin, ach wohin?
Erquickliche Frische
Süß-schaurige Lust!
Hoch flattern die Büsche
Frei schlägt die Brust.

FRÜHLINGSGRUSS

Es steht ein Berg in Feuer,
In feurigem Morgenbrand,
Und auf des Berges Spitze
Ein Tann'baum über'm Land.

Und auf dem höchsten Wipfel
Steh ich und schau vom Baum,
O Welt, Du schöne Welt Du,
Man sieht Dich vor Blüten kaum!

ABENDLANDSCHAFT

Der Hirt bläst seine Weise,
Von fern ein Schuß noch fällt,
Die Wälder rauschen leise
Und Ströme tief im Feld.

Nur hinter jenem Hügel
Noch spielt der Abendschein –
O hätt’ ich, hätt’ ich Flügel,
Zu fliegen da hinein!

ADLER

Steig’ nur, Sonne,
Auf die Höh’n!
Schauer weh’n,
Und die Erde bebt vor Wonne.

Kühn nach Oben
Greift aus Nacht
Waldespracht,
Noch von Träumen kühl durchwoben.

Und vom hohen
Fels-Altar
Stürzt der Aar
Und versinkt in Morgenlohen.

Frischer Morgen!
Frisches Herz,
Himmelwärts!
Laß den Schlaf nun, laß die Sorgen!

FRÜHLINGS-NETZ

Im hohen Gras der Knabe schlief,
Da hört’ er’s unten singen,
Es war, als ob die Liebste rief,
Das Herz wollt’ ihm zerspringen.

Und über ihm ein Netze wirrt
Der Blumen leises Schwanken,
Durch das die Seele schmachtend irrt
In lieblichen Gedanken.

So süße Zauberei ist los,
Und wunderbare Lieder
Geh'n durch der Erde Frühlingsschoß,
Die lassen ihn nicht wieder.

DER TANZMEISTER

Wohlgerüstet war ich kommen;
Siegsgewiß doch, wie zum Scherz,
Hat ein Blick mein Herz genommen
Wer kann kämpfen ohne Herz?

So vom Augenblick – geschlagen,
Kniet' ich Armer vor ihr hin,
Hatt' kein Herz nun, ihr zu sagen,
Daß ich ihr Entherzter bin.

DER GLÜCKLICHE

Ich hab' ein Liebchen lieb recht von Herzen.
Hellfrische Augen hat's wie zwei Kerzen,
Und wo sie spielend streifen das Feld,
Ach wie so lustig glänzet die Welt!

Wie in der Waldnacht zwischen den Schlüften
Plötzlich die Täler sonnig sich klüften,
Funkeln die Ströme, rauscht himmelwärts
Blühende Wildnis – so ist mein Herz!

Wie vom Gebirge in's Meer zu schauen,
Wie wenn der Seefalk, hangend im Blauen,
Zuruft der dämmernden Erd', wo sie blieb? –
So unermeßlich ist rechte Lieb'!

TRAURIGER FRÜHLING

Mir ist's im Kopf so wüste,
Die Zeit wird mir so lang,
Wie auch der Lenz mich grüßte
Mit Glanz und frischem Klang,
Das Herz bleibt mir so wüste,
Mir ist so sterbensbang.

Viel' Vöglein lockend sangen
Im blühenden Revier,
Ich hatt' mir ein's gefangen,
Jetzt ist es weit von mir,
Viel Vöglein draußen sangen,
Ach, hätt' ich mein's nur hier!

NEUE LIEBE

Herz, mein Herz, warum so fröhlich,
So voll Unruh und zerstreut,
Als käm' über Berge selig
Schon die schöne Frühlingszeit?

Weil ein liebes Mädchen wieder
Herzlich an dein Herz sich drückt,
Schaust du fröhlich auf und nieder,
Erd' und Himmel dich erquickt.

Und ich hab' die Fenster offen,
Neu zieh in die Welt hinein
Altes Bangen, altes Hoffen!
Frühling, Frühling soll es sein!

Still kann ich hier nicht mehr bleiben,
Durch die Brust ein Singen irrt,
Doch zu licht ist's mir zum schreiben,
Und ich bin so froh verwirrt.

Also schlendr' ich durch die Gassen,
Menschen gehen her und hin,
Weiß nicht, was ich tu und lasse,
Nur, daß ich so glücklich bin.

FRÜHLINGSNACHT

Über'n Garten durch die Lüfte
Hört' ich Wandervögel zieh'n,
Das bedeutet Frühlingsdüfte,
Unten fängt's schon an zu blüh'n.

Jauchzen möcht' ich, möchte weinen,
Ist mir's doch, als könnt's nicht sein!
Alte Wunder wieder scheinen
Mit dem Mondesglanz herein.

Und der Mond, die Sterne sagen's
Und in Träumen rauscht's der Hain
Und die Nachtigallen schlagen's:
Sie ist Deine, sie ist Dein!

IM ABENDROT

Wir sind durch Not und Freude
Gegangen Hand in Hand,
Vom Wandern ruh'n wir beide
Nun über'm stillen Land.

Rings sich die Täler neigen,
Es dunkelt schon die Luft,
Zwei Lerchen nur noch steigen
Nachträumend in den Duft.

Tritt her, und laß sie schwirren,
Bald ist es Schlafenszeit,
Daß wir uns nicht verirren
In dieser Einsamkeit.

O weiter, stiller Friede!
So tief im Abendrot
Wie sind wir wandermüde –
Ist das etwa der Tod?

O Herbst

O Herbst, in linden Tagen
Wie hast Du rings Dein Reich
Phantastisch aufgeschlagen,
So bunt und doch so bleich!

Wie öde, ohne Brüder,
Mein Tal, so weit und breit,
Ich kenne Dich kaum wieder
In dieser Einsamkeit.

So wunderbare Weise
Singt nun Dein bleicher Mund,
Es ist, als öffnet' leise
Sich unter mir der Grund.

Und ich ruht' überwoben,
Du sängest immerzu,
Die Linde schüttelt oben
Ihr Laub und deckt mich zu.

WEHMUT

Ich irr' in Tal und Hainen
Bei kühler Abendstund',
Ach, weinen möcht' ich, weinen
So recht aus Herzensgrund.

Und alter Zeiten Grüßen
Kam da, im Tal erwacht,
Gleichwie von fernen Flüssen
Das Rauschen durch die Nacht.

Die Sonne ging hinunter,
Da säuselt' kaum die Welt,
Ich blieb noch lange munter
Allein im stillen Feld.

TREUE

Wie dem Wanderer in Träumen,
Daß er still im Schlafe weint,
Zwischen gold'nen Wolken-Säumen
Seine Heimat wohl erscheint:

So durch dieses Frühlings Blühen
Über Berg' und Täler tief,
Sah' ich oft Dein Bild noch ziehen,
Als ob's mich von hinnen rief,

Und mit wunderbaren Wellen
Wie im Traume, halbbewußt,
Gehen ew'ge Lieder-Quellen
Mir verwirrend durch die Brust.

AM STROM

Der Fluß glitt einsam hin und rauschte
Wie sonst, noch immer, immerfort,
Ich stand am Strand gelehnt und lauschte,
Ach, was ich liebt', war lange fort!
Kein Laut, kein Windeshauch, kein Singen
Ging durch den weiten Mittag schwül,
Verträumt die stillen Weiden hingen
Hinab bis in die Wellen kühl.

Die waren alle wie Syrenen
Mit feuchtem, langen, grünen Haar,
Und von der alten Zeit voll Sehnen
Sie sangen leis und wunderbar.
Sing' Weide, singe, grüne Weide!
Wie Stimmen aus der Liebsten Grab,
Zieht mich Dein heimlich Lied voll Leide
Zum Strom von Wehmut mit hinab.

DER PILGER

Man setzt uns auf die Schwelle
Wir wissen nicht, woher?
Da glüht der Morgen helle,
Hinaus verlangt uns sehr.
Der Erde Klang und Bilder,
Tiefblaue Frühlingslust,
Verlockend mild und wilder,
Bewegen da die Brust.
Bald wird es rings so schwüle,

Die Welt eratmet kaum,
Berg', Schloß und Wälder kühle
Steh'n lautlos wie im Traum,
Und ein geheimes Grausen
Beschleichet unsern Sinn:
Wir sehnen uns nach Hause
Und wissen nicht wohin?

So laß herein

So laß herein nun brechen
Die Brandung, wie sie will,
Du darfst ein Wort nur sprechen,
So wird der Abgrund still
Und bricht die letzte Brücke;
Zu Dir, der treulich steht,
Hebt über Not und Glücke
Mich einsam das Gebet.

Wie ein todeswunder Streiter

Wie ein todeswunder Streiter,
Der den Weg verloren hat,
Schwank' ich nun und kann nicht weiter
Von dem Leben sterbensmatt.
Nacht schon decket alle Müden
Und so still ist's um mich her,
Herr auch mir gib endlich Frieden,
Denn ich wünsch' und hoff' nichts mehr.

Wie oft wollt' mich die Welt

Wie oft wollt' mich die Welt ermüden,
Ich beugt' auf's Schwert mein Angesicht
Und bat Dich frevelhaft um Frieden –
Du wußtest's besser, gabst ihn nicht.

Ich sah in Nacht das Land vergehen,
In Blitzen Du die Wetter brachst,
Da konnt' ich schauernd erst verstehen,
Was Du zu mir Erschrock'nen sprachst:

„Meine Lieder sind nicht Deine Lieder,
Leg' ab den falschen Schmuck der Zeit
Und nimm das Kreuz, dann komme wieder
In Deines Herzens Einsamkeit."

Und alle Bilder ferne treten
Und tief noch rauschet kaum die Rund' –
Wie geht ein wunderbares Beten
Mir leuchtend durch der Seele Grund!

NACHTGEBET

Es rauschte leise in den Bäumen,
Ich hörte nur der Ströme Lauf,
Und Berg und Gründe, wie aus Träumen,
Sie sah'n so fremd zu mir herauf.

Drin aber in der stillen Halle
Ruht Sang und Plaudern müde aus,
Es schliefen meine Lieben alle,
Kaum wieder kannt' ich nun mein Haus.

Mir war's als lägen sie zur Stunde
Gestorben, bleich im Mondenschein,
Und schauernd in der weiten Runde
Fühlt' ich auf einmal mich allein.

So blickt in Meeres öden Reichen
Ein Schiffer einsam himmelan
O Herr, wenn einst die Ufer weichen,
Sei gnädig Du dem Steuermann!

WEIHNACHTEN

Markt und Straßen steh'n verlassen,
Still erleuchtet jedes Haus,
Sinnend geh' ich durch die Gassen,
Alles sieht so festlich aus.

An den Fenstern haben Frauen
Buntes Spielzeug fromm geschmückt,
Tausend Kindlein steh'n und schauen,
Sind so wunderstill beglückt.

Und ich wandre aus den Mauern
Bis hinaus in's freie Feld,
Hehres Glänzen, heil'ges Schauern!
Wie so weit und still die Welt!

Sterne hoch die Kreise schlingen,
Aus des Schnees Einsamkeit
Steigt's wie wunderbares Singen –
O du gnadenreiche Zeit!

ABSCHIED

Abendlich schon rauscht der Wald
Aus den tiefen Gründen,
Droben wird der Herr nun bald
An die Sterne zünden,
Wie so stille in den Schlünden,
Abendlich nur rauscht der Wald.

Alles geht zu seiner Ruh,
Wald und Welt versausen,
Schauernd hört der Wandrer zu,
Sehnt sich recht nach Hause,
Hier in Waldes grüner Klause
Herz, geh' endlich auch zur Ruh!

GLÜCK AUF

Gar viel hab' ich versucht, gekämpft, ertragen;
Das ist der tiefen Sehnsucht Lebenslauf,
Daß brünstig sie an jeden Fels muß schlagen,
Ob sich des Lichtes Gnadentür tät' auf,
Wie ein verschütt'ter Bergmann in den Klüften
Heraus sich hauet zu den heitern Lüften.

Auch ich gelang' einst zu dem stillen Gipfel,
Vor dem mich schaudert in geheimer Lust.
Tief unten rauschen da des Lebens Wipfel
Noch einmal dunkelrührend an die Brust,
Dann wird es unten still im weiten Grunde
Und oben leuchtet streng des Himmels Runde.

Wie klein wird sein da, was mich hat gehalten,
Wie wenig, was ich Irrender vollbracht,
Doch was den Felsen gläubig hat gespalten:
Die Sehnsucht treu steigt mit mir aus der Nacht
Und legt mir an die wunderbaren Schwingen,
Die durch die Stille mich nach Hause bringen.

DIE ZAUBERIN IM WALDE

„Schon vor vielen, vielen Jahren
Saß ich drüben an dem Ufer,
Sah manch' Schiff vorüber fahren,
Weit hinein in's Waldesdunkel.

Denn ein Vogel jeden Frühling
An dem grünen Waldes-Saume
Sang mit wunderbarem Schalle,
Wie ein Waldhorn klang's im Traume.

Und gar seltsam hohe Blumen
Standen an dem Rand der Schlünde,
Sprach der Strom so dunkle Worte,
'S war, als ob ich sie verstünde.

Und wie ich so sinnend atme
Stromeskühl' und Waldesdüfte,
Und ein wundersam Gelüsten
Mich hinabzog nach den Klüften:

Sah ich auf kristall'nem Nachen,
Tief im Herzensgrund erschrocken,
Eine wunderschöne Fraue,
Ganz umwallt von gold'nen Locken.

Und von ihrem Hals behende
Tät sie lösen eine Kette,
Reicht' mit ihren weißen Händen
Mir die allerschönste Perle.

Nur ein Wort von fremdem Klange
Sprach sie da mit rotem Munde,
Doch im Herzen ewig stehen
Wird des Wort's geheime Kunde. –

Seitdem saß ich wie gebannt dort,
Und wenn neu der Lenz erwachte,
Immer von dem Halsgeschmeide
Eine Perle sie mir brachte.

Ich barg all' im Waldesgrunde,
Und aus jeder Perl der Fraue
Sproßte eine Blum' zur Stunde,
Wie ihr Auge anzuschauen.

Und so bin ich aufgewachsen,
Tät der Blumen treulich warten,
Schlummert' oft und träumte golden
In dem schwülen Waldes-Garten.

Fortgespült ist nun der Garten
Und die Blumen all' verschwunden,
Und die Gegend, wo sie standen,
Hab' ich nimmermehr gefunden.

In der Fern' liegt jetzt mein Leben,
Breitend sich wie junge Träume,
Schimmert stets so seltsam lockend
Durch die alten, dunklen Bäume.

Jetzt erst weiß ich, was der Vogel
Ewig ruft so bange, bange,
Unbekannt zieht ew'ge Treue
Mich hinunter zu dem Sange.

Wie die Wälder kühle rauschen,
Zwischendurch das alte Rufen,
Wo bin ich so lang' gewesen? –
O ich muß hinab zur Ruhe!"

Und es stieg vom Schloß hinunter
Schnell der süße Florimunde,
Weit hinab und immer weiter
Zu dem dunkelgrünen Grunde.

Hört' die Ströme stärker rauschen,
Sah in Nacht des Vaters Burge
Stillerleuchtet ferne stehen,
Alles Leben weit versunken.

Und der Vater schaut' vom Berge,
Schaut' zum dunklen Grunde immer,
Regte sich der Wald so grausig,
Doch den Sohn erblickt' er nimmer.

Und es kam der Winter balde,
Und viel' Lenze kehrten wieder,
Doch der Vogel in dem Walde
Sang nie mehr die Wunderlieder.

Und das Waldhorn war verklungen
Und die Zauberin verschwunden,
Wollte keinen andern haben
Nach dem süßen Florimunde. –

DIE RIESEN

Hoch über blauen Bergen
Da steht ein schönes Schloß,
Das hütet von Gezwergen
Ein wunderlicher Troß.

Da ist ein Lautenschlagen
Und Singen insgemein,
Die Lüfte es vertragen
Weit in das Land hinein.

Und wenn die Länder schweigen,
Funkelnd im Abendtau,
Soll manchmal dort sich zeigen
Eine wunderschöne Frau.

Da schworen alle Riesen,
Zu holen sie als Braut,
Mit Leitern da und Spießen
Sie stapften gleich durch's Kraut.

Da krachte manche Leiter,
Sie wunderten sich sehr:
Die Wildnis wuchs, je weiter
Je höher ringsumher.

Sie waren recht bei Stimme
Und zankten um ihren Schatz,
Und fluchten in großem Grimme,
Und fanden nicht den Platz.

    Und bei dem Lärm sie stunden
In Wolken bis an die Knie,
Das Schloß, das war verschwunden,
Und wußten gar nicht wie. –

Aber wie ein Regenbogen
Glänzt's drüben durch die Luft,
Sie hatt' indes gezogen
Neue Gärten in den Duft.

DER UNBEKANNTE

Vom Dorfe schon die Abendglocken klangen,
Die müden Vöglein gingen auch zur Ruh,
Nur auf den Wiesen noch die Heimchen sangen
Und von den Bergen rauscht der Wald dazu;
Da kam ein Wandrer durch die Ährenwogen,
Aus fernen Landen schien er hergezogen.

Vor seinem Hause, unter blüh'nden Lauben
Lud ihn ein Mann zum fröhl'chen Rasten ein,
Die junge Frau bracht' Wein und Brot und Trauben,
Setzt dann, umspielt vom letzten Abendschein,
Sich neben ihn und blickt halb scheu, halb lose,
Ein lockigt Knäblein lächelnd auf dem Schoße.

Ihr dünkt, er wär' schon einst im Dorf gewesen,
Und doch so fremd und seltsam war die Tracht,
In seinen Mienen feur'ge Schrift zu lesen
Gleich Wetterleuchten fern bei stiller Nacht,
Und traf sein Auge sie, wollt' ihr fast grauen,
Denn's war, wie in den Himmelsgrund zu schauen.

Und wie sich kühler nun die Schatten breiten,
Vom Berg Vesuv, der über Trümmern raucht,
Vom blauen Meer, wo Schwäne singend gleiten,
Krystall'nen Inseln, blühend draus getaucht,
Und Glocken, die im Meeresgrunde schlagen,
Wußt' wunderbar der schöne Gast zu sagen.

„Hast viel erfahren, willst Du ewig wandern?"
Sprach drauf sein Wirt mit herzlichem Vertrau'n,
„Hier kannst Du froh genießen wie die andern,
Am eig'nen Herd Dein kleines Gärtchen bau'n,
Des Nachbars Töchter haben reiche Truhen,
Ruh' endlich aus, brauchst nicht allein zu ruhen."

Da stand der Wandrer auf, es blühten Sterne
Schon aus dem Dunkel über'm stillen Land,
„Gesegn' euch Gott! mein Heimatland liegt ferne. – "
Und als er von den beiden sich gewandt,
Kam himmlisch Klingen von der Waldeswiese –
So sternklar war noch keine Nacht wie diese.

DIE VERLORENE BRAUT

Vater und Kind gestorben
Ruhten im Grabe tief,
Die Mutter hatt' erworben
Seitdem ein ander Lieb.

Da droben auf dem Schlosse
Da schallt das Hochzeitsfest,
Da lacht's und wiehern Rosse,
Durch's Grün zieh'n bunte Gäst'.

Die Braut schaut' in's Gefilde
Noch einmal vom Altan,
Es sah so ernst und milde
Sie da der Abend an.

Rings waren schon verdunkelt
Die Täler und der Rhein,
In ihrem Brautschmuck funkelt
Nur noch der Abendschein.

Sie hörte Glocken gehen
Im weiten, tiefen Tal,
Es bracht' der Lüfte Wehen
Fern über'n Wald den Schall.

Sie dacht': „O falscher Abend!
Wen das bedeuten mag?
Wen läuten sie zu Grabe
An meinem Hochzeitstag?"

Sie hört' im Garten rauschen
Die Brunnen immerdar
Und durch der Wälder Rauschen
Ein Singen wunderbar.

Sie sprach: „Wie wirres Klingen
Kommt durch die Einsamkeit,
Das Lied wohl hört' ich singen
In alter, schöner Zeit."

Es klang, als wollt' sie's rufen
Und grüßen tausendmal –
So stieg sie von den Stufen
So kühle rauscht' das Tal.

So zwischen Weingehängen,
Stieg sinnend sie in's Land
Hinunter zu den Klängen,
Bis sie im Walde stand.

Dort ging sie, wie in Träumen,
Im weiten, stillen Rund,
Das Lied klang in den Bäumen,
Von Quellen rauscht' der Grund. –

Derweil von Mund zu Munde
Durch's Haus, erst heimlich sacht,
Und lauter geht die Kunde:
Die Braut irrt in der Nacht!

Der Bräut'gam tät erbleichen,
Er hört im Tal das Lied,
Ein dunkelrotes Zeichen
Ihm von der Stirne glüht.

Und Tanz und Jubel enden,
Er und die Gäst' im Saal,
Windlichter in den Händen,
Sich stürzen in das Tal.

Da schweifen rote Scheine,
Schall nun und Rosseshuf,
Es hallen die Gesteine
Rings von verworr'nem Ruf.

Doch einsam irrt die Fraue
Im Walde schön und bleich,
Die Nacht hat tiefes Grauen,
Das ist von Sternen so reich.

Und als sie war gelanget
Zum allerstillsten Grund,
Ein Kind am Felsenhange
Dort freundlich lächelnd stund.

Das trug in seinen Locken
Einen weißen Rosenkranz,
Sie schaut' es an erschrocken
Beim irren Mondesglanz.

„Solch' Augen hat das meine,
Ach meines bist Du nicht,
Das ruht ja unter'm Steine,
Den niemand mehr zerbricht.

Ich weiß nicht, was mir grauset,
Blick' nicht so fremd auf mich!
Ich wollt', ich wär' zu Hause,
Nach Hause führ' ich Dich."

Sie geh'n nun miteinander,
So trübe weht der Wind,
Die Fraue sprach im Wandern:
„Ich weiß nicht, wo wir sind.

Wen tragen sie beim Scheine
Der Fackeln durch die Schluft?
O Gott, der stürzt' vom Steine
Sich tot in dieser Kluft!"

Das Kind sagt: „Den sie tragen,
Dein Bräut'gam heute war,
Er hat meinen Vater erschlagen,
'S ist diese Stund' ein Jahr.

Wir alle müssen's büßen,
Bald wird es besser sein,
Der Vater läßt Dich grüßen,
Mein liebes Mütterlein."

Ihr schauert's durch die Glieder:
„Du bist mein totes Kind!
Wie funkeln die Sterne nieder,
Jetzt weiß ich, wo wir sind." –

Da löst' sie Kranz und Spangen,
Und über ihr Angesicht
Perlen und Tränen rannen,
Man unterschied sie nicht.

Und über die Schultern nieder
Rollten die Locken sacht,
Verdunkelnd Augen und Glieder,
Wie eine prächtige Nacht.

Um's Kind den Arm geschlagen,
Sank sie in's Gras hinein –
Dort hatten sie erschlagen
Den Vater im Gestein.

Die Hochzeitsgäste riefen
Im Walde auf und ab,
Die Gründe alle schliefen,
Nur Echo Antwort gab.

Und als sich leis erhoben
Der erste Morgenduft,
Hörten die Hirten droben
Ein Singen in stiller Luft.

VALET

Ade nun, liebe Lieder,
Ade, du schöner Sang!
Nun sing' ich wohl nicht wieder
Vielleicht mein Leben lang.

Einst blüht' von Gottes Odem
Die Welt so wunderreich,
Da in den grünen Boden
Senkt' ich als Reiser euch.

Jetzt eure Wipfel schwanken
So kühle über mir,
Ich stehe in Gedanken
Gleichwie im Walde hier.

Da muß ich oft noch lauschen
In meiner Einsamkeit,
Und denk' bei euerm Rauschen
Der schönen Jugendzeit.

GENUG GEMEISTERT NUN DIE WELTGESCHICHTE

Gedichte 1837–1843

Überm Lande die Sterne

Überm Lande die Sterne
Machen die Runde bei Nacht,
Mein Schatz ist in der Ferne,
Liegt am Feuer auf der Wacht.

Übers Feld bellen Hunde;
Wenn der Mondschein erblich,
Rauscht der Wald auf im Grunde:
Reiter, jetzt hüte dich!

DER ALTE GARTEN

Kaiserkron' und Päonien rot,
Die müssen verzaubert sein,
Denn Vater und Mutter sind lange tot,
Was blühn sie hier so allein?

Der Springbrunn plaudert noch immerfort
Von der alten schönen Zeit,
Eine Frau sitzt eingeschlafen dort,
Ihre Locken bedecken ihr Kleid.

Sie hat eine Laute in der Hand,
Als ob sie im Schlafe spricht,
Mir ist, als hätt' ich sie sonst gekannt –
Still, geh vorbei und weck' sie nicht!

Und wenn es dunkelt das Tal entlang,
Streift sie die Saiten sacht,
Da gibt's einen wunderbaren Klang
Durch den Garten die ganze Nacht.

Hörst du die Gründe rufen
In Träumen halb verwacht?
Oh, von des Schlosses Stufen
Steig nieder in die Nacht! –

Die Nachtigallen schlagen,
Der Garten rauschet sacht,
Es will dir Wunder sagen
Die wunderbare Nacht.

AN DIE WALDVÖGEL

Konnt' mich auch sonst mit schwingen
Über's grüne Revier,
Hatt' ein Herze zum Singen
Und Flügel wie ihr.

Flog über die Felder,
Da blüht' es wie Schnee,
Und herauf durch die Wälder
Spiegelt' die See.

Ein Schiff sah ich gehen
Fort über das Meer,
Meinen Liebsten drin stehen –
Dacht' meiner nicht mehr.

Und die Segel verzogen,
Und es dämmert' das Feld,
Und ich hab' mich verflogen
In der weiten, weiten Welt.

WARNUNG

Aus ist dein Urlaub und die Laut' zerschlagen,
Nachts aus der stillen Stadt nun mußt du gehen,
Die Wetterfahnen nur im Wind sich drehen,
Dein Tritt verhallt, mag niemand nach dir fragen.

Doch draußen waldwärts, wo du herstammst, ragen
Die Zinnen noch der goldnen Burg, es gehen
Die Wachen schildernd auf dem Wall, das Wehen
Der Nacht bringt ihren Ruf in's Land getragen.

Der Engel dort mit seinem flamm'nden Degen
Steht blankgerüstet noch, das Tor zu hüten,
Und wird dich mit den ernsten Blicken messen,

Die manches Herze schon zu Asche glühten;
Hast du Parol' und Feldgeschrei vergessen:
Weh! wo nun willst dein müdes Haupt hinlegen?

FRÜHLINGSKLAGE

Ach, was frommt das Wehen, Sprossen,
In der schönen Frühlingszeit:
Ist des Liedes Born verschlossen
Und der Seele Freudigkeit,
Die erst Blüten bringt den Sprossen
Und den Frühling in die Zeit.

Gib den alten Frieden wieder.
In der Brust den Sonnenschein,
Gib die Laute mir und Lieder,
Dann laß blühen oder schnein,
Selbst weck' ich den Lenz mir wieder,
Sollt' es auch der letzte sein!

LUSTIGE MUSIKANTEN

Der Wald, der Wald! daß Gott ihn grün erhalt',
Gibt gut Quartier und nimmt doch Nichts dafür.

Zum Grünen Wald wir Herberg' halten,
Denn Hoffart ist nicht unser Ziel,
Im Wirtshaus, wo wir nicht bezahlten,
Es war der Ehre gar zu viel.
Der Wirt, er wollt' uns gar nicht lassen,
Sie ließen Kann' und Kartenspiel,
Die ganze Stadt war in den Gassen,
Und von den Bänken mit Gebraus
Stürzt' die Schule heraus,
Wuchs der Haufe von Haus zu Haus,
Schwenkt' die Mützen und jubelt' und wogt',
Der Hatschier, die Stadtwacht, der Bettelvogt,
Wie wenn ein Prinz zieht auf die Freit',
Gab Alles, Alles uns fürstlich Geleit.
Wir aber schlugen den Markt hinab
Uns durch die Leut' mit dem Wanderstab,
Und hoch mit dem Tamburin, daß es schallt', –

Zum Wald, zum Wald, zum schönen, grünen Wald!

Und da nun Alle schlafen gingen,
Der Wald steckt' seine Irrlicht' an,
Die Frösche tapfer Ständchen bringen,
Die Fledermaus schwirrt leis voran,
Und in dem Fluß auf feuchtem Steine
Gähnt laut der alte Wassermann,
Strählt sich den Bart im Mondenscheine,
Und fragt ein Irrlicht, wer wir sind?
Das aber duckt sich geschwind;
Denn über ihn weg im Wind
Durch die Wipfel der wilde Jäger geht,
Und auf dem alten Turm sich dreht
Und kräht der Wetterhahn uns nach:
Ob wir nicht einkehr'n unter sein Dach?
O Gockel, verfallen ist ja dein Haus,
Es sieht die Eule zum Fenster heraus,
Und aus allen Toren rauscht der Wald.

Der Wald, der Wald, der schöne, grüne Wald!

Und wenn wir müd' einst, sehn wir blinken
Eine goldne Stadt still über'm Land,
Am Tor Sankt Peter schon tut winken:
„Nur hier herein, Herr Musikant!"
Die Engel von den Zinnen fragen,
Und wie sie uns erst recht erkannt,
Sie gleich die silbernen Pauken schlagen,
Sankt Peter selbst die Becken schwenkt,
Und voll Geigen hängt
Der Himmel, Cäcilia an zu streichen fängt,
Dazwischen Hoch vivat! daß es prasselt und pufft,
Werfen die Andern vom Wall in die Luft
Sternschnuppen, Kometen,
Gar prächt'ge Raketen
Versengen Sankt Peter den Bart, daß er lacht,
Und wir ziehen heim, schöner Wald, gute Nacht!

KLANG UM KLANG

1.

Es ist ein Klang gekommen
Herüber durch die Luft,
Der Wind hat's gebracht und genommen,
Ich weiß nicht, wer mich ruft.
Es schallt der Grund von Hufen,
In der Ferne fiel ein Schuß –
Das sind die Jäger, die rufen,
Daß ich hinunter muß!

2.

Das sind nicht die Jäger – im Grunde
Gehn Stimmen hin und her.
Hüt' dich zu dieser Stunde,
Mein Herz ist mir so schwer!
Wer dich lieb hat, macht die Runde,
Steig nieder und frag nicht, wer!
Ich führ' dich aus diesem Grunde –
Dann siehst du mich nimmermehr.

3.

Ich weiß einen großen Garten,
Wo die wilden Blumen stehn,
Die Engel frühmorgens sein warten,
Wenn Alles noch still auf den Höh'n.
Manch zackiges Schloß steht darinne,
Die Rehe grasen um's Haus,
Da sieht man weit von der Zinne,
Weit über die Länder hinaus.

VORBEI

Das ist der alte Baum nicht mehr,
Der damals hier gestanden,
Auf dem ich gesessen im Blütenmeer
Über den sonnigen Landen.

Das ist der Wald nicht mehr, der sacht
Vom Berge rauschte nieder,
Wenn ich vom Liebchen ritt bei Nacht,
Das Herz voll neuer Lieder.

Das ist nicht mehr das tiefe Tal
Mit den grasenden Rehen,
In das wir Nachts viel tausendmal
Zusammen hinausgesehen. –

Es ist der Baum noch, Tal und Wald,
Die Welt ist jung geblieben,
Du aber wurdest seitdem alt,
Vorbei ist das schöne Lieben.

SCHIFFERGRUSS

Stolzes Schiff mit seidnen Schwingen,
Fährst mein Boot zu Grunde schier,
Sang von Bord und Lauten klingen,
O du fröhlicher Schiffsherr dir;
Ich muß selbst mein Lied mir singen,
Nur der Sturmwind singt mit mir.

Stolzes Schiff, wenn deine Feuer
Nachts verlöscht: beim falben Licht
Steht ein Fremder an dem Steuer,
Mit den Winden laut er spricht,
Und die Wogen rauschen scheuer –
Trau' dem finstern Bootsmann nicht!

Gleiche Winde, gleiche Wellen,
Reiches Schiff und armes Boot
Nach demselben Strande schwellen,
Deine Hoffart, meine Not
Wird an *einem* Riff zerschellen,
Denn der Bootsmann ist der Tod.

TODESLUST

Bevor er in die blaue Flut gesunken,
Träumt noch der Schwan und singet todestrunken,
Die sommermüde Erde im Verblühen
Läßt all' ihr Feuer in den Trauben glühen,
Die Sonne, Funken sprühend, im Versinken,
Gibt noch einmal der Erde Glut zu trinken,
Bis, Stern auf Stern, die Trunkne zu umfangen,
Die wunderbare Nacht ist aufgegangen.

DER WEGELAGERER

Es ist ein Land, wo die Philister thronen,
Die Krämer fahren und das Grün verstauben,
Die Liebe selber altklug *feilscht* mit Hauben –
Herr Gott, wie lang willst du die Brut verschonen!

Es ist ein Wald, der rauscht mit grünen Kronen,
Wo frei die Adler horsten, und die Tauben
Unschuldig girren in den kühlen Lauben,
Die noch kein Fuß betrat – dort will ich wohnen!

Dort will ich nächtlich auf die Krämer lauern
Und kühn zerhaun der armen Schönheit Bande,
Die sie als niedre Magd zu Markte führen.

Hoch soll sie stehn auf grünen Felsenmauern,
Daß mahnend über alle stillen Lande
Die Lüfte Nachts ihr Zauberlied verführen.

GEDENK'

Es ist kein Vöglein so gemein,
Es spürt geheime Schauer,
Wenn draußen streift der Sonnenschein
Vergoldend seinen Bauer.

Und du hast es vergessen fast
In deines Kerkers Spangen,
O Menschlein, daß du Flügel hast
Und daß du hier gefangen.

SCHNEEGLÖCKCHEN

's war doch wie ein leises Singen
In dem Garten heute Nacht,
Wie wenn laue Lüfte gingen:
„Süße Glöcklein, nun erwacht,
Denn die warme Zeit wir bringen,
Eh 's noch Jemand hat gedacht." –
'S war kein Singen, 's war ein Küssen,
Rührt' die stillen Glöcklein sacht,
Daß sie alle tönen müssen
Von der künft'gen bunten Pracht.
Ach, sie konnten's nicht erwarten,
Aber weiß vom letzten Schnee
War noch immer Feld und Garten,
Und sie sanken um vor Weh.
So schon manche Dichter streckten
Sangesmüde sich hinab,
Und der Frühling, den sie weckten,
Rauschet über ihrem Grab.

WALT' GOTT!

Gestern stürmt's noch, und am Morgen
Blühet schon das ganze Land –
Will auch nicht für morgen sorgen,
Alles steht in Gottes Hand.

Putz' dich nur in Gold und Seiden:
In dem Felde über Nacht
Engel Gott's die Lilien kleiden,
Schöner als du 's je gedacht.

Sonn' dich auf des Lebens Gipfeln:
Über deinem stolzen Haus
Singt der Vogel in den Wipfeln,
Schwingt sich über dich hinaus!

Vögel nicht, noch Blumen sorgen,
Hat doch jedes sein Gewand –
Wie so fröhlich rauscht der Morgen!
Alles steht in Gottes Hand.

MAHNUNG

Genug gemeistert nun die Weltgeschichte!
Die Sterne, die durch alle Zeiten tagen,
Ihr wolltet sie mit frecher Hand zerschlagen
Und Jeder leuchten mit dem eignen Lichte.

Doch unaufhaltsam rucken die Gewichte,
Von selbst die Glocken von den Türmen schlagen,
Der alte Zeiger, ohne euch zu fragen,
Weist flammend auf die Stunde der Gerichte.

O stille Schauer, wunderbares Schweigen,
Wenn heimlichflüsternd sich die Wälder neigen,
Die Täler alle geisterbleich versanken,

Und in Gewittern von den Bergesspitzen
Der Herr die Weltgeschichte schreibt mit Blitzen –
Denn seine sind nicht euere Gedanken.

WACHT AUF!

Es ist ein Kirchlein zwischen Felsenbogen
So tief versteckt: wie in den alten Sagen
Hat Nächtens drin die Glocke angeschlagen,
Weiß Keiner, wer die Glocken hat gezogen.

Erwache, Steuermann! hoch gehn die Wogen;
Ihr Hirten auf, die Herden nach euch fragen;
Ihr Wächter sollt an Schloß und Hütten schlagen,
Wacht auf, wacht auf, bevor der Klang verflogen!

Denn Heerschau halten will in deutschen Gauen
Der Herr und zählen, die ihm treu geblieben,
Eh' er den Engel mit dem Schwerte sendet.

Schon bricht's so dunkelrot durch's Morgengrauen,
Ob's Blut bedeutet oder feur'ges Lieben,
Es steht in Gottes Hand, die Niemand wendet.

BEI HALLE

Da steht eine Burg über'm Tale
Und schaut in den Strom hinein,
Das ist die fröhliche Saale,
Das ist der Gibichenstein.

Da hab' ich so oft gestanden,
Es blühten Täler und Höh'n,
Und seitdem in allen Landen
Sah ich nimmer die Welt so schön!

Durch's Grün da Gesange schallten,
Von Rossen, zu Lust und Streit,
Schauten viel schlanke Gestalten,
Gleichwie in der Ritterzeit.

Wir waren die fahrenden Ritter,
Eine Burg war noch jedes Haus,
Es schaute durch's Blumengitter
Manch' schönes Fräulein heraus.

Das Fräulein ist alt geworden,
Und unter Philistern umher
Zerstreut ist der Ritterorden,
Kennt Keiner den Andern mehr.

Auf dem verfallenen Schlosse,
Wie der Burggeist, halb im Traum,
Steh' ich jetzt ohne Genossen
Und kenne die Gegend kaum.

Und Lieder und Lust und Schmerzen,
Wie liegen sie nun so weit –
O Jugend, wie tut im Herzen
Mir deine Schönheit so leid!

NACHTGRUSS

Den 16. Mai 1840

Nachts an der Küste wir vorüberfahren,
Von der ich schied vor vielen, vielen Jahren.
Der Liebsten Haus steht dort, wo wir so fröhlich waren;
Gott wolle sie bewahren!

Die Nachtigallen noch im Garten schlagen,
Wie damals in den schönen, stillen Tagen.
Was mögen sie jetzt klagen?
Nach mir will niemand fragen.

Sonst wenn die Linden in der Blüte waren,
Sahst du dort aus nach mir vor vielen, vielen Jahren, –
Ich muß vorüber fahren,
Gott wolle dich bewahren!

WECHSEL

Es fällt Nichts vor, mir fällt Nichts ein,
Ich glaub' die Welt steht still,
Die Zeit tritt auf so leis und fein,
Man weiß nicht, was sie will.

Auf einmal rührt sich's dort und hier
Was das bedeuten mag?
Es ist, als hört'st du über dir
Einen frischen Flügelschlag.

Rasch steigen dunkle Wetter auf,
Schon blitzt's und rauscht die Rund',
Der lust'ge Sturmwind fliegt vorauf
Da atm' ich aus Herzensgrund.

AUF OFFENER SEE

Ade, du Küste mit den falschen Sorgen,
Furcht, Glück und Not, sinkt unter in das Meer!
Nun bin ich frei, jetzt bin ich erst geborgen,
Kein eitles Hoffen langet bis hierher.
Wie still, wohin ich auch die Blicke wende,
Wie tief und hoch und ringsum ohne Ende!

Gestirne, Wolken gehen auf und unter
Und spiegeln sich im stillen Ozean,
Hoch Himmel über mir und Himmel drunter,
Inmitten wie so klein mein schwacher Kahn!
Walt Gott, ihm hab ich alles übergeben,
Nun komm nur, Sturm, ich fürcht nicht Tod noch Leben!

Ein Eiland, das die Zeiten

Ein Eiland, das die Zeiten nicht versanden,
Von dem sehnsüchtig fromme Völker träumen,
Wo Himmelslichter ernst den Felsen säumen,
Der Wetter bricht und Weltwitz macht zu Schanden:

Dorthin kehrst *Du* das Schiff aus wildem Branden,
Wie auch die Wogen sich hoffärtig bäumen,
Das Steuer lenkend durch das eitle Schäumen,
Am heil'gen Heimatsstrand *Dein* Volk zu landen.

Dorther auch stammt der Poesie Gebilde,
Und mahnend zielt nach jenen stillen Höhen
Des Dichters Lied, daß Heimweh sich erneue.

Ein Hauch nur ist's – laß in die Segel milde,
Um *Deinen* Banner, hoher Herr, ihn wehen:
Es ist der Herzens-Klang der alten Treue.

STIMMEN DER NACHT

1.

Weit tiefe, bleiche, stille Felder –
O wie mich das freut,
Über alle, alle Täler, Wälder
Die prächtige Einsamkeit!

Aus der Stadt nur schlagen die Glocken
Über die Wipfel herein,
Ein Reh hebt den Kopf erschrocken
Und schlummert gleich wieder ein.

Der Wald aber rühret die Wipfel
Im Schlaf von der Felsenwand,
Denn der Herr geht über die Gipfel
Und segnet das stille Land.

2.

Nächtlich wandern alle Flüsse
Und der Himmel, Stern auf Stern,
Sendet so viel tausend Grüße,
Daß die Wälder nah und fern
Schauernd rauschen in den Gründen;
Nur der Mensch, dem Tod geweiht,
Träumet fort von seinen Sünden
In der stillen Gnadenzeit.

Wo werd' ich sein im künft'gen Lenze?

Gedichte 1844–1857

DAS ALTER

Hoch mit den Wolken geht der Vögel Reise,
Die Erde schläfert, kaum noch Astern prangen,
Verstummt die Lieder, die so fröhlich klangen,
Und trüber Winter deckt die weiten Kreise.

Die Wanduhr pickt, im Zimmer singet leise
Waldvöglein noch, so du im Herbst gefangen.
Ein Bilderbuch scheint Alles, was vergangen,
Du blätterst d'rin, geschützt vor Sturm und Eise.

So mild ist oft das Alter mir erschienen:
Wart' nur, bald taut es von den Dächern nieder,
Und über Nacht hat sich die Luft gewendet.

Ans Fenster klopft ein Bot' mit frohen Mienen,
Du trittst erstaunt heraus – und kehrst nicht wieder,
Denn endlich kommt der Lenz, der nimmer endet.

ZUM 8. APRIL 1847

Selig, wo sich zwei gesellt
In den schlimmen Tagen
Und ihr häuslich frommes Zelt
Schirmend aufgeschlagen!

Vor dem Zelt da halten Wacht
Engel Stund' um Stunde,
Drüben machen bei der Nacht
Sterne ihre Runde.

Und wenn's draußen wirbelnd schwirrt,
Flüchten hin viel' Gäste,
Und ein jeder *Sonntag* wird
So zum heitern Feste.

Einer scheidet, zögernd noch,
Denn er blieb so gerne!
Mit dem Herzen bleibt er, *doch* –
Denk't sein' in der Ferne!

DER FREIHEIT WIEDERKEHR

1.

Um mich wogt es wie ein Meer,
Fast wie in vergangnen Tagen,
Da die Wälder ringsumher
Rauschten von uralten Sagen.

Dort blitzt's auf, das ist der Rhein,
Wo sich zwischen Rebenhügeln
Bei dem glühen Morgenschein
Burgen in den Fluten spiegeln.

Sei gegrüßt, du schöner Strom!
Brüderlich wob seine Äste
Damals deiner Wälder Dom
Dir zum Schutz und Trutz als

Veste, Als der Römer-Adler flog
Und ich flüchtet' vor dem Volke,
Das den Erdkreis überzog,
Eine Zornes-Wetterwolke;

Das einst kühn nach Heldenart,
Mit dem Schwert die Welt gemessen,
Doch geworden stolz und hart,
Seit es meiner hatt' vergessen.

Hinter mir in Schmach und Tod
Sah ich da die Länder dunkeln,
Vor mir frisches Morgenrot
Rings von deinen Bergen funkeln.

Freudig zog ich zu dir hin,
Bracht' dir aller Länder Kronen,
Bis auch du in blödem Sinn
Mir's nicht länger mochtest lohnen.

Jetzt nach langer banger Fahrt,
Hab ich wieder dich gefunden,
Und es grüßt nach Landesart,
Mich die ganze weite Runde.

Feuerzeichen steigen auf,
Von den Gipfeln ringsum schallt es,
Und zum Willkomm mir herauf
Rauscht der Rhein und widerhallt es.

Und von Berg zu Bergeswand,
Weit hinab durch alle Gaue
Segn' ich dich, du deutsches Land,
Dem ich wieder mich vertraue.

2.

Geht ein Klingen in den Lüften,
Aus der Tiefe rauscht der Fluß,
Quellen stürzen von den Klüften,
Bringen ihr der Höhen Gruß.

Denn es naht in Morgenblitzen
Eine hohe Frau zu Roß,
Als wär' mit den Felsenspitzen
Das Gebirge dort ihr Schloß.

Und die grauen Schatten senken,
Wie sie durch die Dämm'rung bricht,
Und die Creaturen trinken
Durstend alle wieder Licht.

Ja, sie ist's, die wir da schauen,
Unsre Königin im Tal,
Holde Freiheit, schöne Frauen,
Grüß dich Gott viel tausendmal!

LIBERTAS' KLAGE

Weh' du Land, das keck mich bannte,
Und da ich zu dir mich wandte,
Mich blödsinnig nicht erkannte;

Wo aus Trümmern nun die blassen
Geister stieren: Stolz und Hassen,
Brüder sich ingrimmig fassen.

Habt ihr euch von dem gewendet,
Der barmherzig mich gesendet,
Wird in Schmach die Ehr' geendet.

Wer will meinen Banner schwingen,
Muß erst mit dem Teufel ringen,
Der ihn selber hält in Schlingen.

Wer so kühn, um mich zu werben,
Zage nicht, für mich zu sterben,
Um das Himmelreich zu erben,

Lieble nicht, nach andern lugend,
Denn ich bin des Herzens Jugend
Und der Völker strenge Tugend.

Bin die Lebensluft der Höhen,
Wo der Atem mag vergehen
Allen, die zur Tiefe sehen,

Flamme, schlank emporgelodert,
Die in Zornesmut, was modert,
Sengend zu Gerichte fodert.

'S war ein mächt'ger Wald da droben,
Treulich Stamm in Stamm verwoben,
Mir zum grünen Dom erhoben.

Weh', du schönes Land der Eichen!
Bruderzwist schon, den todbleichen,
Seh' ich mit der Mordaxt schleichen.

Und in künft'gen öden Tagen
Werden nur verworrne Sagen
Um den deutschen Wald noch klagen.

EIN AUSWANDERER

Fragment

1.

Europa, du falsche Creatur!
Man quält sich ab mit der Cultur,
Spannt vorn die Locomotive an.
Gleich hängen sie hinten eine andre dran,
Die eine schiebt vorwärts, die andre retour,
So bleibt man stecken mit der ganzen Cultur.
Und Ärger hier, und Ärger da,
Und Prügel! – Vivat Amerika
Mit den vereinigten Provinzen,
Wo die Einwohner alle Prinzen
Und alle Berge in Gold verhext,
Wo die Cigarre und der Pfeffer wächst! –
Und also flog ich dahin wie ein Pfeil,

Über uns Wolken in großer Eil',
England zur Rechten und Frankreich links,
Jetzt in den Ocean grad hinein ging's,
Daß mir der Wind am Hute pfiff;
Ich stand ganz vorn in dem Schiff;
Und als die alte Welt versank,
Nahm ich mein Waldhorn und blies Ade,
Das gab einen prächtigen Klang,
Mir aber tat's doch im Herzen weh.

2.

Auf einmal stößt das Schiff ans Land,
Greift jeder nach seinem Plunder,
Am Land hat man mich gleich erkannt,
Das war ein Lärm, Gott's Wunder!
Da wurden Böller abgebrannt,
Entgegen mir gegangen
Kam ganz Newyork heraus zum Strand,
Mich würdig zu empfangen.

Der bot mir fürstliches Quartier,
Der bat um meine Sachen,
Man riß sich ordentlich nach mir,
Ich aber mußte lachen.
Mein' Herberg heißt zum Himmelszelt,
Mein Ranzel nun geschwungen,
So bin ich in die neue Welt
Vom Schiff hineingesprungen.

Doch kaum hatt' ich zum Umsehn Zeit,
Spricht Einer aus dem Haufen:
Mein Schiff das läge schon bereit
Um eben auszulaufen,
Geheimerat und Hofmarschall,
Kurz meine ganze Suite,
Sei schon in freudenreichem Schall
Am Bord, und tät sich Gute.

Ich: wie? *Er*: Jes! *Ich*: zuviel Ehr',
Sehr gütig! und so weiter;
Das half nun Alles nimmermehr,
Ein Dampfboot braust, zur Leiter
Trug man mich auf den Händen fast
Wie einen Potentaten,
Und stromauf ging's sogleich voll Hast
In die vereinten Staaten.

Auf dem Verdecke aber dort
Sah ich viel Herrn, die lasen
In langen Blättern immerfort,
Nichts als Papier und Nasen.
Zuweilen nur ein Rauschen schallt,
Wenn einer's Blatt umdrehte,
Da merkt' ich's wohl, und wußt' es bald:
Das sind die Geheimen Räte!

Nur einer ging stolz her und hin,
Die Hände in den Taschen,
In seinen Rock geknöpft, vom Kinn
Bis unter die Kamaschen.
Aha, dacht' ich, der Hofmarschall,
Der scheint, als wollt' er beißen?
Engländer waren's aber all',
Die dorten Yankees heißen.

Ich bracht' gleich ein Gespräch ins Gleis,
Wir sprachen erst ganz gelassen,
Doch konnten wir bei allem Fleiß
Einander nicht recht fassen,
Da fiel mir grad zum Glücke ein,
Was ich gehört schon häufig:
Musik soll eine Weltsprach' sein,
Die überall geläufig.

Sprach nun zu mir der Hofmarschall,
Als wie ein Puter im Zorne,
Gab ich ihm gleich mit sanftem Schall
Antwort auf meinem Horne,
Er blickte martialisch dann
Durch seine goldne Brille,
Ich aber blies ihn tapfer an
Mit einem langen Trille-r.

Und das gelang erstaunlich gut,
Je mehr ich blies und lauter,
Je mehr bekam er frischen Mut,
Je aufgeweckter schaut' er.
Und nun gings immer rascher los,
Ein lebhaft Diskurrieren,
Er Wort auf Wort, ich Stoß auf Stoß,
Als wollten wir duellieren.

Geheime Räte alt und jung,
Die nahten auch ganz leise,
Und standen voll Bewunderung
Rings um mich her im Kreise,
Ich aber brech auf einmal aus,
Und fröhlich Platz mir mache –
Ich hörte mitten durchs Gebraus
Meine Fraumuttersprache!

Da kommt auch Einer schon gerannt,
Tritt fast mir auf die Zehen:
„Ei, ei, grüß Gott, Herr Musikant,
Freut mich, Sie wohl zu sehen!"
Ich drauf: „Bitt sehr, ein Musi*kus*!"
Wie fuhr da der Geselle
Zu einem ehrfurchtsvollen Gruß
Nach seinem Hut so schnelle!

Der Abend aber unterdes
War schon hereingebrochen,
Und plötzlich Preuße, Schwab und Hess',
Da wir so deutsch gesprochen,
Kam's Kopf auf Kopf, und Hut und Mütz'
Da aus dem Schiff gekrochen,
Wie Fledermäus aus jedem Ritz,
Weiß nicht, wo All' gestochen.

„Auf Ehre", da der Eine rief,
„Das heiß ich einmal blasen!
Der Hut sitzt Euch schon ganz windschief,
Vor kunstreichen Ekstasen."
Ein andrer mich erstaunt besieht:
„Wir möchten gerne wissen,
Ob Sie vielleicht europamüd
Vom Weltschmerz so zerrissen?"

Zerrissen? Ja, das einz'ge Loch,
Der Schalk hat's gleich erspähet,
Und hatt's am Ellenbogen doch
Erst gestern zugenähet!
Auch mein Castor, das leugn' ich nicht,
Hatt' manchen Bug erlitten,
Weil ich so *rasch* mit Zeit und Licht
Und Bildung fortgeschritten.

O ho, rief ich den Schälken zu,
Gemach, ihr Herrn Landsleute,
Es sind wohl meine Reiseschuh
Von gestern nicht, noch heute.
Bin ich in Kiez, im Bingerloch,
Im Kuhstall doch gewesen?
Man kann da meinen Namen noch
Auf allen Bänken lesen.

Durch Polen nahm ich meinen Weg,
Man trägt noch Weichselzöpfe,
Nach München zur Pinaglyphek,
Dann über Bockbiertöpfe
Fort, bis Savoyen immerfort,
Wo das Gebirg' wie Lanzen
Hellfunkelnd in die Wolken bohrt
Und Murmeltiere tanzen.

In Danzig sah ich's schwarze Meer,
In Wien den Wurstelprater,
Viel Residenzen hin und her
Von manchem Landesvater;
Die Jungfrau von Neu-Orleans,
Mit dem schwarzen Ritter fechten,
Vom großen Schill den Pos'ner dann
Mit seinen Menschenrechten.

Und Dampfschiff, Treckschuit, Eisenbahn
Und Pesth, Triest und Halle – – –
„"Halt, halt, Herr Landsmann, haltet an!"
Schrien die voll Staunen Alle.
Und alles jubiliert und ruft,
Und ihre Hüte schwingen
Sie wie besessen in die Luft,
Ein Vivat mir zu bringen.

Jetzt erst erkenn ich bei dem Lärm
Verwundert manch Bekannten
Von Deutschland her in dem Geschwärm,
Es waren Komödianten,
Und der Direktor tät alsbald
Als Staberl mich engagieren,
Um bei den Yankees im Urwald
Die Bildung einzuführen.

DIE ZEIT GEHT SCHNELL

Lieb' Vöglein, vor Blüten
Sieht man dich kaum.
Im dämmernd beglühten
Flüsternden Baum,
Wann in Morgenfunken
Sprüh'n Täler und Quell,
Singst du frühlingstrunken –
Aber die Zeit geht schnell.

Wie balde muß lassen
Seine Blätter der Wald,
Die Blumen erblassen,
Die Gegend wird alt,
Erstarrt ist im Eise
Der muntere Quell –
Rüst' die Flügel zur Reise,
Denn die Zeit geht schnell!

ZAUBEREI DER NACHT

Hörst Du nicht die Quellen gehen
Zwischen Stein und Blumen weit
Nach den stillen Waldes-Seen,
Wo die Marmorbilder stehen
In der schönen Einsamkeit?
Von den Bergen sacht hernieder,
Weckend die uralten Lieder,
Steigt die wunderbare Nacht,
Und die Gründe glänzen wieder,
Wie du's oft im Traum gedacht.

Kennst die Blume Du, entsprossen
In dem mondbeglänzten Grund?
Aus der Knospe, halb erschlossen,
Junge Glieder blühend sprossen,
Weiße Arme, roter Mund,
Und die Nachtigallen schlagen,
Und rings hebt es an zu klagen,
Ach, vor Liebe todeswund,
Von versunknen schönen Tagen –
Komm', o komm' zum stillen Grund!

DER VERSPÄTETE WANDRER

Wo werd' ich sein im künft'gen Lenze?
So frug ich sonst wohl, wenn beim Hüteschwingen
In's Tal wir ließen unser Lied erklingen,
Denn jeder Wipfel bot mir frische Kränze.

Ich wußte nur, daß rings der Frühling glänze,
Daß nach dem Meer die Ströme funkelnd gingen,
Von fernem Wunderland die Vögel singen,
Da hatt' das Morgenrot noch keine Grenze.

Jetzt aber wird's schon Abend, alle Lieben
Sind wandermüde längst zurückgeblieben,
Die Nachtluft rauscht durch meine welken Kränze,

Und heimwärts rufen mich die Abendglocken,
Und in der Einsamkeit frag' ich erschrocken:
Wo werd' ich sein im künft'gen Lenze?

Zu dieser Ausgabe

Eichendorffs Gedichte gehören zu den bekanntesten Werken der deutschen Romantik, und seine in volkstümlichem Ton geschriebenen Lieder – angelehnt an den der Sammlung *Des Knaben Wunderhorn* von Achim von Arnim und Clemens Brentano – erreichen bis heute ein breites Publikum. Dazu hat nicht wenig die große Zahl der Gedichtvertonungen beigetragen. 1840 veröffentlichte Felix Mendelssohn-Bartholdy „Sechs Lieder für vierstimmigen Männerchor", darunter das Lied *O Täler weit, o Höhen,* das noch immer zum Repertoire jedes deutschen Gesangvereins gehört. Die Vertonungen von Eichendorffs Gedichten durch Robert Schumann und Johannes Brahms haben die Bekanntheit seiner Poesie nachhaltig befördert.

Eine derartige Popularisierung hat jedoch auch zu Fehldeutungen geführt: Eichendorffs Lieder wurden als treuherzige Wanderburschenlieder mißverstanden. Doch den stets wiederkehrenden Bildern von Wald und Heimat, Dämmerung und Nacht, Gärten und Bäumen, rauschenden Wassern und Quellen kommt eine tiefere Bedeutung zu, als der erste Augenschein vermuten läßt; hinter den formelhaften Wendungen dieser Lyrik verbergen sich komplexe Symbole. Theodor W. Adorno schrieb: „Die Erfahrung des modernen Elements in Eichendorff, das heute wohl erst offen liegt, führt am ehesten ins Zentrum des dichterischen Gehalts. Es ist wahrhaft antikonservativ: Absage ans Herrschaftliche, an die Herrschaft zumal des eigenen Ichs über die Seele." Die Literaturgeschichtsschreibung hat auf Eichendorffs archetypische literarische Wendungen und die Traumbilder hingewiesen, auf ihre magische Wirkung und die Impulse, die sie der Phantasie des Lesers geben.

In seinen Gedichten hat Eichendorff die verwirrende Welt des Traums und einer oft als chaotisch empfundenen Wirklichkeit aber nicht nur evoziert, er hat sie auch zu bannen versucht, hat sie mit den Mitteln der poetischen Sprache einer göttlichen

Macht unterstellt, der seine Dichtung Ausdruck verleihen soll. Dieses Anerkennen einer höheren Ordnung führt zu einer heiteren, versöhnlichen Lebenszugewandtheit, die alle Trauer, die in Eichendorffs Lyrik viel Raum einnimmt, letztlich überwindet.

Formale Neuerungen finden sich bei Eichendorff, geschult an Matthias Claudius und an Goethe, kaum; statt dessen gibt er unentwegt seinen Gefühlen, seinen Erinnerungen, seiner Empfindung eine Stimme. Mit der Kraft der Poesie sollen Alltag und Wirklichkeitserfahrungen in einer universellen Harmonie ‚aufgehoben' werden. Das ist nicht selbstverständlich und nicht leicht; Eichendorffs Gedichte weisen die Spuren der Anstrengung auf, die ihm dieser Weg bereitet. Aber genau das macht seine Lyrik zum unvergänglichen Bestand der deutschen Literatur, ja der Weltliteratur und bis heute aktuell.

Geboren am 10. März 1788 als Sohn eines preußischen Offiziers und Landedelmanns auf Schloß Lubowitz in Oberschlesien, lebte Eichendorff ein Adelsleben zwischen der guten, alten Zeit und dem Aufbruch zu einer politisch, gesellschaftlich und geistig neuen Epoche; zwischen Altem und Neuem stand er zeitlebens. So ist seine Dichtung keineswegs harmlos, sondern mitunter verwirrend und leidenschaftlich und sehr direkt zeitbezogen. Nach dem Jurastudium, unter anderem in Heidelberg, wo er Arnim und Brentano kennenlernte, zog er mit in die Befreiungskriege gegen Napoleon. Anschließend ging er in den Verwaltungsdienst, übte eine Beamtentätigkeit in Danzig, Königsberg und Berlin aus.

Beharrlich war er um den Ausgleich beider Welten, der realen und der dichterischen, bemüht. Er wollte seine inneren Gesichte und Ahnungen, seine romantischen Ideen, seine Träume und Hoffnungen mit der Genauigkeit, der Wachsamkeit, die der Alltag und ein adlig-bürgerliches Leben von ihm verlangten, in Einklang bringen, so in seinen Romanen (*Ahnung und Gegenwart, Dichter und ihre Gesellen*), in seinen Erzählungen (*Aus dem Leben eines Taugenichts, Das Schloß Dürande, Das Marmorbild*) und in seiner Lyrik. In seinen Erinnerungen, Satiren und politischen Aufsätzen sowie in der *Geschichte der poetischen Literatur Deutschlands*, die in seinem Todesjahr erschien, nahm er regen Anteil an den gesellschaftlichen Entwicklungen seiner Epoche.

Seine Werke waren den Anlässen ihrer Entstehung (den Freiheitskriegen und der preußischen Reform, dem Vormärz und der Revolution, der Restauration und der Biedermeierzeit) stets nahe. Bis ins hohe Alter hat Eichendorff die politischen Ereignisse wahrgenommen und kommentiert. Gestorben ist er am 26. November 1857 im schlesischen Neiße.

Im 19. Jahrhundert – und noch weit ins 20. Jahrhundert hinein – war es modisch und üblich, Gedichte nach thematischen Gruppen zu ordnen; auch Eichendorff selbst hat sein lyrisches Œuvre so zusammenstellen lassen. Doch damit wird die Entwicklung, die der Dichter genommen hat, unkenntlich, Gedichte unterschiedlicher Lebensabschnitte werden zusammengebunden. Aufschlußreich dagegen ist eine chronologische Anordnung. Sie zeigt die inneren Bewegungen des Autors und die Zeitbezogenheit seiner Lyrik, ohne daß die Lektüre an Zauber verliert. Durch die zeitliche Anordnung der Texte wird das vielgestaltige und bunte Bild eines Werkes deutlich, und Eichendorffs lyrische Entwicklung von der Schulzeit bis ins hohe Alter wird sichtbar.

Die vorliegende Ausgabe bietet eine umfangreiche Auswahl aus den Gedichten Eichendorffs. Die Textfassungen beruhen auf den Originalausgaben; dankbar benutzt wurde die vorzügliche Edition von Hartwig Schultz (Frankfurt am Main 1987, Band 1 in der Ausgabe der Werke in sechs Bänden). Verzichtet wurde auf die Schüler-Gedichte aus Breslau und auf die Übertragungen aus dem Spanischen.

Eichendorffs Dichtung sollte ihm selbst und seinen Zeitgenossen Vergeblichkeit und Hoffnung des Handelns und der Phantasie mittels poetischer Formeln in einer Zeit des Umbruchs vor Augen führen. Er wußte um die Vergänglichkeit, um die Unwiederbringlichkeit von Kindheit und Jugend, um den Verlust seines Vorzeitparadieses, das noch ganz im 18. Jahrhundert gründete. Er wußte, daß seine romantische Welt bedroht war von einem dunklen Untergrund, daß die Welt des schönen Scheins zerfiel. Gerade deswegen beschwor er sie immer wieder.

Hans-Joachim Simm

Alphabetisches Verzeichnis der Gedichtüberschriften und -anfänge

Gedichte und Texte ohne Überschriften wurden mit ihrer ersten Verszeile in das Verzeichnis aufgenommen.

Karoline von Günderrode

In die unbegrenzte Weite

Gedichte, Prosa, Briefe
Herausgegeben von Hans-Joachim Simm
Gebunden mit Schutzumschlag
224 S., Format: 12,5 x 20 cm
ISBN: 978-3-86539-361-6

„Ihre Gedichte lebten aus der Zeit und aus einer beschwingten, sehr individuellen Melancholie." Wolfgang Koeppen

Karoline von Günderrodes literarisches Werk – Lyrik, Dramen, Prosa und Briefe – erfuhr erst spät die angemessene Wertschätzung. Intelligent und gebildet, in Kontakt mit den maßgeblichen Vertretern der Romantik, Hölderlin und Novalis nahestehend, hat sie sich in ihrem Werk philosophischen, mythologischen und psychologischen Fragen gewidmet, in Gedichten und Phantasien, Studien und Skizzen.

Franziska zu Reventlow

Herrn Dames Aufzeichnungen

Oder Begebenheiten aus einem merkwürdigen Stadtteil
Gebunden mit Schutzumschlag
224 S., Format: 12,5 x 20 cm
ISBN: 978-3-86539-374-6

„Ihr Zynismus kannte keine Grenzen, doch immer alles mit Grazie."
Annette Kolb

Freie Liebe, das Leben als nie endendes Fest, Dandys, Spinner, Spätaufsteher, Esoteriker – das sind Elemente und Menschen, die die Welt der Münchener Bohème ausmachen. Und mittendrin: Herr Dame, der in seiner Naivität den Münchener Bohemiens das ein oder andere Geheimnis entlockt und die ein oder andere überspielte Unwissenheit zu Tage fördert. Auf liebevolle und doch hin und wieder schmunzelnde Art porträtiert Fanny zu Reventlow in Herrn Dames Aufzeichnungen das Leben der Münchener Bohème sowie ausgewählte Personen ihres eigenen Umfelds und schafft so den skurrilen Schlüsselroman der Schwabinger Bohème.

Erasmus von Rotterdam

Das Lob der Torheit

In der Übersetzung von Alfred Hartmann

Mit 83 Abbildungen von Hans Holbein.

Gebunden mit Schutzumschlag, ISBN: 978-3-86539-358-6

192 S., Format: 12,5 x 20 cm

Stefan Zweig

Schachnovelle

Brief einer Unbekannten
Der Amokläufer

Gebunden mit Schutzumschlag, ISBN: 978-3-86539-360-9

192 S., Format: 12,5 x 20 cm

Kurt Tucholsky

C'est la vie –!
Ssälawih –!

Gebunden mit Schutzumschlag, ISBN: 978-3-86539-371-5

256 S., Format: 12,5 x 20 cm

Anton Tschechow

In der Sommerfrische

Meistererzählungen

Gebunden mit Schutzumschlag, ISBN: 978-3-86539-375-3

224 S., Format: 12,5 x 20 cm

Rainer Maria Rilke

Die Aufzeichnungen des Malte Laurids Brigge

Roman

Gebunden mit Schutzumschlag, ISBN: 978-3-86539-373-9

224 S., Format: 12,5 x 20 cm

Weitere Titel finden Sie auf unserer Homepage: marixverlag.de